스마트한 시간관리 인생관리 습관

마크 포스터 Mark Forster 지음
형선호 옮김

중앙경제평론사

· 감사의 말 ·

영국의 멋진 생활설계사 동아리와 내 의뢰인들에게 감사하고 싶다. 그들에게 나는 말할 수 없는 덕을 입었다. 나를 도와주고 지원해 준 많은 사람들 중에서 특히 사라 리트비노프(Sarah Litvinoff)에게 고마움을 표한다. 그녀가 없었다면 이 책은 나오지 못했을 것이다. 늘 나를 격려해 준 조지 멧캐프(George Metcalfe)에게도 감사의 말을 전한다.

· 책 머리에 ·

이 책의 제목은 (원제 : 모든 것을 다 하고도 놀 수 있는 시간 갖기 – Get Everything Done And Still Have Time to Play) 많은 사람들에게 불가능한 꿈인 것처럼 보일 수도 있다. 우리가 사는 현대 사회는 점점 더 복잡해지고 있기 때문이다. 오늘날의 신기술과 통신은 날이 갈수록 우리들의 더 많은 관심을 촉구한다. 일터와 사회에서 일어나는 심오한 변화들은 업무를 제대로 수행하고, '그 모든 것'을 가져야 한다고 우리를 압박한다.

이제 일과 놀이는 우리의 마음 속에서 뚜렷하게 구분되어 있다. 그것들은 마치 우리의 삶에서 더 많은 몫을 차지하려고 치열하게 싸우는 것 같다. 우리는 마치 놀이에 사용하는 시간은 모두가 일에 방해가 되며 일에 사용하는 시간은 모두가 '진정한' 삶의 재미, 가족, 그리고 친구들을 앗아가는 것처럼 행동한다.

나는 일과 놀이의 이 분명한 이분법이 올바른 그림은 아니라고 확신

한다. 놀 시간이 없으면 일도 제대로 할 수 없고, 우리의 개인적인 삶은 일을 잘할 때 더 풍요로워진다고 나는 굳게 믿는다. 나는 또 목표를 갖고 집중해서 일하는 것이 목표 의식 없이 무의미하게 일하는 것보다 훨씬 더 효과적이며, 일하는 시간을 의식적으로 줄일 때 더 많은 일을 더 잘할 수 있다고 믿는다. 나는 지금도 신문에서 근무 시간을 일주일에 35시간으로 제한하는 프랑스의 법은 많은 사람들의 예상과 달리 프랑스의 산업을 오히려 강하게 만들었다는 기사를 읽고 있다.

요컨대, 나는 일과 놀이가 균형을 이룰 때 서로를 도울 수 있다고 믿는다. 뿐만 아니라, 일은 놀이의 개념으로 행해질 때 가장 좋은 결과를 낳을 수 있고, 놀이는 일처럼 진지하게 할 때 가장 효과적일 수 있다. 나는 이 책이 그와 같은 균형을 당신의 삶에 실현시키는 데 도움이 되기를 바란다. 하지만 단순하게 읽기만 해서는 큰 도움이 되지 못한다. 반드시 책의 내용을 행동으로 옮겨야 하며, 특히 이 책에 담긴 많은 연습을 실제로 해 보아야 한다.

이 책의 본론으로 들어가기 전에, 나는 당신이 이 책을 읽는 동안과 그 후에도 매일같이 실천에 옮길 수 있는 연습 한 가지를 소개하고자 한다. 물론 효과가 빠른 기법이 중요하지만(이 책에서 나는 그런 것을 많이 소개한다), 우리의 삶을 통제하는 것은 기본적으로 훈련과 끈기의 문제이다. 지금 소개하는 이 연습은 당신이 그것을 달성하는 데 많은 공헌을 할 것이다. 이 연습은 제대로만 하면 아주 효과적이고 무척 재미있는 것이다.

당신은 강한 마음의 소유자인가? 당신은 마음 속에 정한 것을 반드시 할 수 있는가? 아니면 당신은 의도했던 것의 절반도 못 하는, 그래서 목표와 야망을 키우지 못하고 늘 상황에 반응만 하는 약한 마음의 소유자인가?

예전만 해도 정신력은 우리 인간에게 가장 중요한 자질의 하나로 여겨졌다. 최근에는 이것이 지성이나 교육보다 관심을 덜 받고 있지만, 그렇다고 해도 이것이 행복하고 성공적인 삶에 더 중요할 수도 있다는 사실은 여전하다.

이 연습은 역도 훈련이 육체적인 힘을 강화시키는 것처럼 당신의 정신적인 힘을 강화시킨다. 이 연습이 사용하는 원칙은 역도 훈련에 사용되는 원칙과 비슷하다. 즉, 그것은 능력에 따른 반복의 횟수와 저항력을 동시에 높여준다. 발전적인 역도 훈련 프로그램처럼, 이 훈련도 당신이 현재 갖고 있는 힘에 맞게 이루어진다.

당신은 매일 저녁에 다음날 반드시 해야 할 일 한 가지를 정하기만 하면 된다. 당신이 충분히 할 수 있도록 난이도를 적절하게 정해야 한다. 그런 후에 다음날 그 일을 하는 것이다!

과업을 성공적으로 완수하면, 다음날 할 또 다른 일을 정하고 약간만 더 어렵게 해 보라. 그렇지만 아직까지는 충분히 그 일을 할 수 있어야 한다.

과업을 성공적으로 완수하지 못하면, 그것은 과업의 수준이 당신에게는 어렵다는 뜻이다. 그 일을 하지 못하는 데 대해서 어떤 변명도 하지 말라. 일을 완수하지 못했다는 것은 그 일을 하지 못했다는 뜻이다. 그 뿐이다. 이럴 때는 다음날의 과업을 더 쉬운 것으로 정해서 충분히 할 수 있게 만들어야 한다.

이것을 매일 반복하면서 매번 성공할 때마다 조금 더 어려운 과업을 정하고, 실패하면 조금 더 쉽게 하라. 이런 식으로 점점 더 단계를 높이면서 능력에 부칠 때만 뒤로 후퇴하라. 매일같이 분명하게 과업을 정해서 그것을 달성했는지 알 수 있게 하라.

어떤 사람들은 이 연습을 어렵게 여길 수도 있다. 그들은 주위에서 일어나는 일에 반응하고 충동적으로 행동하는 데만 익숙해서, 무언가 스스로 결정해서 하는 데는 거부감을 느낄 수도 있다. 당신은 이렇게 나쁜 상황에 처해 있지는 않을 것이다.

하지만 과업을 정할 때는 당신이 쉽게 할 수 있는 것을 골라야 한다. 그러면서 점점 더 난이도를 높여 당신의 능력을 최대한 확대시킨다.

이런 과업들은 일에 관한 것일 수도 있고, 여가에 관한 것일 수도 있다. 혹은 그것이 아무 의미도 없는 것일 수도 있다. 그런 것은 문제가 되지 않는다. 중요한 것은 그것들을 하기로 결정했기 때문에 그 일을 하는 것이다.

이렇게 하면 언젠가는 매일 정말로 어려운 일을 정해서 능숙하게 처리할 수 있게 된다. 이런 단계에 도달하면 당신은 다음 단계로 나아갈 수 있다. 다시 말해, 이제는 하루에 두 가지 일을 정하는 것이다. 난이도를 약간 낮춰서 두 가지 일을 모두 할 수 있게 한다. 그러다가 다시 난이도를 높이고, 다음에는 하루에 세 가지 일을 한다. 계속해서 이렇게 하면, 다음날 해야 할 일들의 목록을 만들고 반드시 그것들을 하는 단계까지 발전할 수 있다. 이와 같은 연습이 당신의 삶에 어떤 영향을 끼칠 것 같은가? 당신의 삶이 어떻게 달라질 것인지 잠시 생각해 보라.

이런 단계까지 도달하는 데는 상당히 오랜 기간, 어쩌면 몇 년이 걸릴지도 모른다. 하지만 끈기를 갖고 계속해서 해 나간다면, 그 결과는 놀라울 수도 있다.

그리고 초기 단계에서 당신은 삶을 통제하는 데 큰 변화를 겪게 될 수도 있다. 하지만 역도 연습도 그렇듯이, 단지 이 책을 읽기만 해서는 소용이 없다. 이 연습은 실제로 해보아야만 효과가 있다. 당신은 이 책을 계속 읽으면서 더 많은 것을 배울 수 있다.

차례

3부 기법들을 넘어서

·1부·

시간 관리? 인생 관리!

●

Nel mezzo del cammin di nostra vita
Mi ritrovai per una selva oscura,
Che la diritta via era smarrita.

삶이라는 여정의 중간쯤에 왔을 때
나는 어두운 숲에서 방황함을 알게 되었다.
그리고 나는 바른 길을 잃었음을 깨달았다.

_ 단테의 〈지옥〉 제1가 1~3

· 1장 ·

내 자신의 경험

당신은 시간 관리에 문제가 있는가?

하지만 당신만 그런 것은 아니다. 이 세상에는 우리 같은 사람들이 무척 많다. 나 역시도 예전에는 시간 관리에 문제가 많았다. 하지만 이런 우리에게도 희망은 있다.

내가 이 장에서 이야기하려는 것은 삶을 거의 통제하지 못하는 사람에서, (적어도 대체적으로는) 모든 것을 하고도 여유 시간을 갖는 사람으로 변한 내 자신의 경험이다.

실제로 내 삶은 이제 너무도 다양하고 흥미로워서, 나는 내가 하는 것의 대부분을 놀이라고 생각한다. 내가 겪었던 가장 큰 변화는 내 삶을 모든 것이 달라지는 미래의 언젠가가 아니라 바로 지금 즐기는 법을 배웠다는 것이다. 그럼, 이제부터 그 이야기를 해 보자.

나는 평생 시간 관리에
문제가 있었다

우리는 시간 관리에 관한 수많은 책들을 본다. 하지만 그것들은 모두 시간 관리에 전혀 문제가 없는 사람들이 쓴 것만 같다. 그들이 하는 이야기는 우리 같은 사람들에게는 너무 수준이 높아 보인다. 그래서 그런 책들은 우리가 그들의 기대에 맞게 살지 못하기 때문에 죄의식을 느끼도록 만드는 데만 성공한다. 하지만 이 책은 그렇지 않다. 이 책을 쓴 사람은 선천적으로 시간 관리를 못했던 사람이기 때문이다. 나는 평생 시간 관리로 고생을 했고, 우유부단함과 정돈되지 않은 삶으로 당혹감을 느끼며 살았다. 그래서 나는 당신이 그와 같은 문제를 겪을 때 내 자신의 고통스런 경험으로 그것을 충분히 이해한다.

이 책에서 나는 정돈된 삶을 살기 위해 무척 고생했고, 결국에는 필사적으로 내 자신의 시간 관리법을 개발한 과거의 경험을 소개한다. 나는 이런 기법들을 당신에게 알려줄 것이며, 이것들은 이미 많은 사람들에게 도움을 주었다. 나는 또 살아오면서 사실은 시간 관리라는 개념 자체가 잘못된 것임도 알게 되었다. 시간은 시간일 뿐이다. 우리가 배우는 관리법의 핵심은 언제, 어떻게, 어디로 관심의 방향을 잡느냐이다.

나는 이 책에서 삶의 거의 모든 문제와 도전에서 핵심은 반복적이고 집중적인 관심이라는 점을 여러 차례 보여줄 것이다. 그리고 우리는 어떻게 관심의 방향을 정하고 집중시키는지 더 많이 배울수록 삶을 통제하는 데 더 익숙해진다. 그 이유는 우리가 관심을 쏟는 분야는 곧 변하게 되기 때문이다. 물론 모든 것은 우리가 어떻게 하건 궁극적으로 변하기 마련이다.

하지만 우리는 그와 같은 변화에 동참할 것인지 선택할 수 있다. 예를 들어 우리가 며칠 동안 빨래를 하지 않는다면, 결국에는 그것이 굳어지고 점점 더 더러워질 것이다. 반면에 우리가 그것에 관심을 보이면, 변화는 좋은 쪽으로 일어날 것이다. 인간의 관심은 인류가 진보한 원동력이며, 인류의 발전이 멈춘 때는 대개 변화에 관심을 보이지 않고 무시하거나 저항한 때이다.

그렇지만 이 책은 철학적인 내용이 아니라 아주 실제적인 문제를 다루고 있으며, 상황이 어떠하건 삶이 정돈되지 않은 사람들을 위한 책이다. 하지만 당신은 이 책에 담긴 기법들을 실천할 때 점점 더 삶을 통제할 수 있고, 새로운 힘을 느낄 수 있다. 당신은 무언가를 달성하려 할 때 더 이상 자기 자신이 방해물이 아님을 알게 된다. 당신은 무언가를 하는 자신의 힘을 믿을 수 있기 때문에 실패의 두려움을 덜 느끼게 된다.

초창기의 내 기억들 가운데 일부는 미루는 습관에 관한 것이었다. 학생 시절에 나는 곧잘 마지막 순간까지 숙제를 미루곤 했다. 지금 생각해 보면 어떻게 그럴 수 있었는지 놀라울 뿐이다. 나는 저녁 때 비교적 편안한 환경에서 작문 숙제를 하기보다 (난방 시스템이 제대로 갖추어져 있지 않던 당시에) 추운 새벽에 일어나 숙제하기를 더 좋아했다. 사실을 말한다면, 나는 너무나도 편안한 저녁 시간에 숙제나 하고 있고 싶지는 않았던 것이다. 하지만 결국에는 새벽에 일어나 숙제를 하지 못하는 때가 많았고, 그래서 불가피하게 (그 벌이 만만치 않았던 당시에) 숙제를 하지 못한 벌을 받아야만 했다.

미루는 습관은 학창 시절을 지나 성인이 되고 직장에서 일을 하기 시작하면 한층 더 심해진다. 학교와 대학교는 상당히 깔끔한 구조를 갖고 있다. 언제든지 그곳에는 해야 할 일이 그렇게 많지 않다. 그러나 성인들의 세상과 성인들의 책임은 그렇게 간단하지 않다. 가장 간단하고 반복적인 직업이 아니라면, 당신이 해야 할 일은 엄청나게 늘어난다. 당신이 관리직이나 고위직이라면 이것은 한층 더 많아지고, 직접 사업을 운영하는 경우에는 그것이 무한대로 늘어난다. 그 결과 당신은 바쁘기만 하면서 실제로는 아무 것도 이루지 못할 수도 있다. 우리는 사소한 것들에 파묻히는데, 대개는 사소한 것들이 가장 하기 쉽기 때문에 그렇게 된다.

나는 늘 일을 해야 할 때 제대로 하지 못함으로써, 사회 생활에서 고통을 겪었다. 나는 어려운 일을 앞에 두고 쉬운 일만 골라 하려 했다. 그리고 어려운 일은 미루면 미룰수록 점점 더 어려워졌다.

나는 일을 할 때는 제대로 한다. 하지만 나는 미루는 습관 때문에 신뢰를 얻지 못했고, 그 결과 내 개인적인 성공은 방해를 받았다. 나는 지성이나 능력의 부족 때문에 잠재력을 발휘하지 못한 것이 아니라, 잘못된 시간 관리와 미루는 습관 때문에 위축되곤 했다.

그런 문제는 비단 보수를 받는 일에만 영향을 끼치지 않았다. 나는 개인적으로 발전하고 더 많은 돈을 벌 수 있는 많은 계획을 갖고 있었다. 나는 그것들을 성급하게 시작했다가 마무리를 짓지 못했다. 초기의 열정이 사라지고 나면 저항에 부딪혔고, 나는 그것을 끝까지 유지하지 못했다.

이와 같이 미루는 습관은 내 삶의 일부가 되었다. 그리고 나는 그 때문에 삶을 제대로 즐기지 못했다. 나는 늘 삶이 부여하는 기회를 놓치는 것만 같았다. 나는 나쁜 습관 때문에 더 나은 인생을 살지 못했다.

어떤 사람들은 선천적으로 삶을 잘 관리한다

내가 알거나 함께 일한 대부분의 사람들은 정도의 차이는 있지만 나랑 비슷한 문제들을 갖고 있는 것 같았다. 다만 사람들마다 문제들이 나타나는 방식이 다를 뿐이었다. 어떤 사람들은 계획을 세우는 데는 능해도 추진하는 데는 서툴렀다. 어떤 사람들은 좋아하는 일만 잘하고 다른 것들은 엉망이었다. 어떤 사람들은 일상적인 일에는 완전히 무능하지만, 창의적인 아이디어를 짜내고 설명하는 데는 천재였다. 하지만 내가 아는 어떤 사람도 (적어도 삶의 모든 측면에서는) 자신들의 능력을 충분히 발휘하며 즐거운 인생을 살지 못하는 것 같았다.

다행히도 나는 그와 같은 규칙에 예외인 두 사람과 함께 일한 경험이 있었다. 그들의 성격은 전혀 달랐지만, 늘 자기 분야에서 최고가 되는 특성만은 같았다. 그들은 아주 어렵고 위험한 상황에서 책임이 큰 직책을 맡고 있었다. 그들은 책상에서 아주 적은 시간만을 보내면서 대개는 현장에 나가 일하는 것을 좋아했지만, 그들의 책상은 늘 단정했고 완벽하게 깨끗했다. 아무리 많은 서류 업무가 그들에게 와도 그들의 책상은 늘 깨끗했다. 모든 것은 즉시 행동으로 옮겨졌고, 결정을 미루는 법은 거의 없었다. 그 결과 그들의 사업은 나날이 발전했고, 그들은 절대로 상황에 반응만 하지 않았다.

물론 그들은 업무의 상당 부분을 다른 사람들에게 위임했으며, 나는 일상적인 일의 상당 부분을 위임받은 사람 가운데 하나였다. 하지만 나는 내가 그들의 입장이라면 내 책상은 늘 어지럽혀져 있었을 것이고, 나는 사소한 일에 파묻혀 중요한 결정은 내리지 못했을 것임을 너무나도 잘 알고 있었다.

이보다 규모는 훨씬 더 작지만, 내 아내도 해야 할 일을 해야 할 때에 하는 능력이 있었다. 나는 늘 간단한 쇼핑 목록만으로 복잡한 일들을 깔끔하게 처리하는 아내를 존경심으로 바라보았다. 내가 볼 때 무엇보다도 신비스러웠던 것은 다가올 성탄절을 위한 쇼핑을 1월의 세일 기간에 하는 아내의 습관이었다. 반면에 나는 늘 성탄절 이브에 성탄절 쇼핑을 했다.

이와 같이 그것은 양쪽 모두, 높은 압박 속에서 큰 책임의 일을 하는 사람들과 그냥 평범하게 일상 생활을 하는 사람들 모두 할 수 있는 것이다. 사람들은 이렇게 효과적으로 일할 때, 불필요한 스트레스를 받지 않아도 된다. 이런 사람들은 큰 그림에 훨씬 더 집중할 수 있으며, 이것은 의사결정 과정에 도움이 된다. 시간을 잘 관리하는 사람들의 한 가지 특성은 단호하지만 충동적이지 않다는 것이다.

선천적인 시간 관리자들은 이것을 달성하는 데 특별한 기법의 도움을 받지 않는다. 나는 내가 모신 두 분 상사 가운데 어느 분도 할 일들의 목록을 사용하는 것을 본 적이 없다. 그분들은 그냥 무엇을 해야 하는지 알고 그것을 하는 것 같았다. 내 아내도 쇼핑 목록과 선물 목록은 작성하지만, 할 일들의 목록은 작성하지 않는다.

나는 나중에 이 책에서, 할 필요가 있는 것을 할 필요가 있을 때 (목록이나 기법의 도움을 받지 않고) 하는 마음의 상태를 어떻게 달성할 수 있는지 자세하게 소개할 것이다. 하지만 그것은 우리들 대부분에게 자연스럽게 다가오지 않는다. 우리는 걸을 수 있어야만 뛸 수 있다. 우리는 우리를 훈련시킬 기법이 필요하다. 어느 날 우리가 이런 목발을 사용하지 않아도 된다면, 그것은 더욱 좋은 일이다. 우리에게는 여러 가지 어려움에서 우리를 끌어낼 '시스템'이 필요하지만, 우리가 그런 시스템의 노예가 되어서는 안 된다. 우리의 삶에는 기계적이나 자동적으로 살아가는 것보다 더 중요한 것들이 있다. 따라서 먼저 능숙한 시간 관리자와 그렇지 못한 사람이 어떻게 다른지 보면서, 우리도 좋은 시간 관리자처럼 행동할 수 있다면, 우리의 많은 시간 관리 문제들은 사라질 것이라고 기대해 보자.

삶을 성공적으로 관리하는 사람들은
그렇지 못한 사람들과 아주 다르게 일을 한다

    내가 앞에서 소개한 사람들과 그 밖의 많은 사람들에 대한 내 관찰을 바탕으로, 나는 시간을 성공적으로 관리하는 (그래서 삶을 성공적으로 관리하는) 사람들은 시간 관리를 못 하는 사람들과 다른 몇 가지 특성을 갖고 있다는 점을 알게 되었다. 물론 각 개인들의 경우는 내가 설명하는 것처럼 그렇게 명확하게 드러나진 않지만, 그럼에도 불구하고 선천적으로 시간 관리에 뛰어난 사람들에게는 나름대로 뚜렷한 특징이 있다.

시간 관리를 잘 하는 사람은 단호하고,
시간 관리를 못 하는 사람은 충동적이다

    시간 관리를 잘 하는 사람은 무엇을 할 것인지 결정하고 그것을 한다. 그래서 이들의 행동은 그와 같은 결정에서 비롯된다. 반면에 시간 관리를 못 하는 사람은 전혀 그렇지가 않다. 시간 관리를 못 하는 사람의 한 가지 특성은 결정에 근거해 행동하는 데 무척 어려움을 겪는다는 점이다. 이들은 늘 무언가의 방해를 받는다. 기본적으로 이들은 상황에 단순하게 반응만 하거나 그냥 충동적으로 행동한다. 이런 이유로, 내가 앞에서 소개했던 정신력 연습이 중요한 것이다. 무언가를 결정했기 때문에 그것을 할 수 있는 능력은 좋은 시간 관리의 핵심이다.

시간 관리를 잘 하는 사람은 큰 그림을 보지만, 시간 관리를 못 하는 사람은 사소한 것들에 얽매인다

시간 관리를 잘 하는 사람은 무엇을 하려는지 분명하기 때문에 그 것을 달성하기 위해 의식적으로 움직일 수 있다.

시간 관리를 못 하는 사람은 무엇을 하려는지 제대로 알지 못하며, 그래서 목표 의식을 갖고 무언가를 하는 데 어려움을 느낀다. 이들은 큰 그림을 보지 못하기 때문에 온갖 사소한 일들에 얽매인다.

이들 가운데 많은 이들은 충동적으로 살아가거나('불어를 배우면, 인 터넷을 서핑하면, 쇼핑을 하면, 책상 위의 연필을 정리하면, 요가를 하면 좋지 않 을까?') 무언가를 회피한다('나는 너무 바빠서 새로운 계획을 세울 수가 없 다'). 물론 이와 같은 활동 자체에 문제가 있는 것은 아니다. 하지만 이런 것들은 더 큰 그림의 일부가 아니라면 진정한 목표나 상호 간의 시너지 효과가 없는, 시간만 빼앗는 단절된 활동에 불과하다.

시간 관리를 잘 하는 사람은 좋은 시스템이 있지만, 시간 관리를 못 하는 사람은 시스템이 없거나 나쁜 시스템을 사용한다

나는 조금 전에, 내가 아는 가장 성공적인 사람들은 책상이 깨끗하 다는 공통점이 있다고 이야기했다. 책상이 깨끗하다는 그 자체만으 로 특별하게 존경할 점은 없지만, 중요한 점은 그들 모두 서류를 다루 는 좋은 시스템이 있었다는 것이다. 그들은 자신들에게 오는 모든 서 류를 어떻게 처리해야 하는지 알고 있었다. 시간 관리를 못 하는 사람은 계속해서 들어오는 서류를 어떻게 다뤄야 하는지 알지 못한다.

그래서 이들의 서류는 그대로 쌓이거나 '미결'로 서랍 속에 들어가거나, 혹은 보지도 않고 더 이상 신경쓰고 싶지 않아서 어디론가 사라진다. 비단 서류만 그런 것은 아니다. 이들은 다른 일에 대해서도 적절한 시스템을 사용하지 못한다. 그 결과 시간 관리를 못 하는 이들의 삶은 일련의 위기에 처하게 된다.

시간 관리를 잘 하는 사람은 일과 놀이의 균형을 맞추지만, 시간 관리를 못 하는 사람은 그렇지 못해서 둘 다 엉망이 된다

시간을 효율적으로 관리하는 사람은 사적인 생활과 여가 시간을 보살핀다. 이 모든 것은 큰 그림을 완성하기 위한 과정이다. 이들은 일도 돈도 삶의 궁극적인 목표는 아님을 잘 안다. 그것들은 생산적이고 만족스런 삶이라는 더 큰 그림의 일부일 뿐이다. 시간 관리를 못 하는 사람은 분리된 삶을 살면서 시너지 효과를 내지 못한다. 그래서 이들의 삶은 여러 부분들 간의 끊임없는 투쟁이 되고 만다.

시간 관리를 잘 하는 사람은 상대적으로 스트레스를 덜 받지만, 시간 관리를 못 하는 사람은 늘 스트레스에 시달린다

시간 관리를 잘 하는 사람은 단호하기 때문에 우리의 삶에서 가장 많은 스트레스를 야기하는 요인, 즉 미루는 습관의 제물이 되지 않는다. 어떤 문제를 피한다고 해서 그와 관련된 스트레스가 사라지는 것은 아니다. 그것은 오히려 늘어날 뿐이다. 그래서 시간 관리를 못 하는 사람은 늘 상당한 정도의 걱정과 근심을 안고 살아간다. 이들은 종종 그런 걱정을 육체적으로 느끼면서 신체적으로 긴장하거나 그것을 머리 위의 검은 먹구름으로 생각한다.

이들은 종종 무언가를 하지 않는 스트레스가 그것을 하는 스트레스보다 더 클 때만 겨우 용기를 내서 행동을 한다. 반면에 시간 관리를 잘 하는 사람은 저항이 가장 작을 때, 다시 말해 처음에 행동이 필요할 때 행동을 한다.

시간 관리를 잘 하는 사람은 관심을 집중시키지만,
시간 관리를 못 하는 사람은 관심을 분산시킨다

시간 관리를 잘 하는 사람은 무언가를 하기로 일단 결정하면 충분한 관심으로 완결을 짓고 산만함 때문에 방해를 받지 않는다. 하지만 시간 관리를 못 하는 사람은 그렇지 않다! 그들은 수천 가지 일에 관심을 보이며, 그것들 모두는 충동적인 반응으로 이어져 걱정의 원천이 된다.

시간 관리를 잘 하는 사람은 행동으로 두려움에 반응하지만,
시간 관리를 못 하는 사람은 회피로써 두려움에 반응한다

시간 관리를 잘 하는 사람은 적당한 두려움은 도전이나 새로운 과업에 대해 처음으로 나타나는 자연적인 반응임을 잘 안다. 그래서 이들은 그런 두려움을 받아들이고 그것을 극복하는 법을 배운다. 사실 이들은 어느 정도의 두려움을 경험하지 못하면 너무 쉽게 사는 것이고 자만에 빠질 수도 있다고 생각한다. 하지만 이들에게 두려움은 행동을 함으로써 금방 없앨 수 있는 것이기 때문에, 초기의 단기적인 반응에 불과하다.

시간 관리를 못 하는 사람은 두려움을 피하기 위해 무엇이든 하려 한다. 그래서 이들은 자연스럽게 편안함을 느끼지 못하는 도전이나 새로운 과업을 피하려 한다. 이들은 그렇게 하기 위해 많은 길을 택하는데, 그중에서 가장 흔한 두 가지는 '미루기'와 '바쁘기'이다. 아쉽게도 이들은 쉽게 해결할 수 있는 두려움을 피하기 위해 늘 걱정 속에서 사는 길을 택한다.

내가 읽은 어떤 책도
도움이 되지 못했다

나는 어떻게든 정돈된 삶을 살기 위해 이 분야의 책들을, 특히 시간 관리에 관한 책들을 닥치는 대로 읽었다. 나는 이 책들에 대해서 두 가지를 알게 되었다. 첫째, 그것들 모두는 대체로 같은 내용인 것 같았고, 둘째, 그중에서 어떤 책도 나에게는 도움이 되지 않았다는 것이다. 적어도 지속적으로는 도움이 되지 않았다.

물론 몇 가지 조언은 얻을 수 있었고, 나는 이 책에서 그런 것들을 다룰 생각이다. 하지만 나는 여전히 삶을 효과적으로 다룰 수 없었으며, 통제력 상실의 고통과 스트레스를 겪었다. 나는 훨씬 더 많은 것을 원했고, 내가 그 싸움에서 이길 수 없다고는 생각할 수 없었다. 그래서 나는 계속해서 읽고 실험을 했다.

내 주위의 모든 사람들은 여전히 시간 관리에 문제가 있었으며, 그래서 일반적인 시간 관리 조언들은 도움이 되지 않는 것 같았다. 이들은 여타 배움에 의한 활동에는 별 문제가 없는 것 같았다. 이들은 읽을 수 있었고, 쓸 수 있었으며, 자전거를 타거나 자동차를 몰거나 컴퓨터의 자판을 치거나 계산기를 사용할 수 있었다. 어떤 이들은 악기도 연주할 수 있었다.

이들은 그런 분야에 관한 책들을 수도 없이 읽으면서 무슨 말인지 이해할 수 없다고 불평하지 않았다. 대체적으로 그런 분야를 배우기 위한 기법들은 잘 정리되어 있고, 성인이 되면 일반적인 사람들은 그것들과 관련해 별 문제가 없다.

하지만 우리의 시간을 효과적으로 관리하는 것은 별개의 문제이다. 이것은 일반적인 사람들이 정도의 차이는 있지만 대체로 실패하는 반복적인 문제이며, 성공하는 사람들은 예외에 속한다.

시간 관리 책들이 흔히 가르치는 그런 기법들이 시간을 성공적으로 관리하는 사람들을 만들어 내지 못한다면, 이제는 그들이 무엇을 가르치고 그것이 왜 효과적이지 않은지 자세히 볼 필요가 있다.

나는 이 책에서 그와 같은 것을 하려 한다. 그런 후에 나는 우리에게서 그 문제를 없애주는 다른 기법들을 소개하고, 누구든지 사용할 수 있는 시스템을 설명할 것이다. 그리고 일단 응급 처방을 제시한 후에, 나는 이어서 어떻게 그 이상을 달성할 수 있는지도 보여줄 것이다.

저항에도 불구하고 행동하는 것이 어떤 것인지 경험한 후에, 당신은 이제 저항 자체를 이정표로 사용해 앞으로 나아갈 수 있게 될 것이다.

나는 독특한 기법들을 개발해 사람들에게 가르치기 시작했다

자신의 시간 관리 문제를 해결하겠다고 다짐한 나는 점차 효과가 있는 것들을 찾아내기 시작했다. 마침내 나는 이와 같은 사명을 내 인생의 첫 번째 목표로 삼게 되었다. 시간 관리 문제를 해결하지 못하면 인생에서 절대로 성공할 수 없음을 알게 되었기 때문이다. 나는 인생을 정리할 때가 되었을 때, 후회만을 곱씹는 사람이 되고 싶지 않았다.

나는 점차 발전하기 시작했다. 나는 일부 시행착오를 겪으면서, 도움은 되었어도 결과는 별로 없는 기법들을 찾아냈다. 그러다가 나는 왜 기존의 기법들 대부분이 효과가 없는지, 그리고 어떻게 하면 그것들을 개선할 수 있는지 알게 되었다.

그러면서 나는 점차 내가 통제력을 얻고 있으며, 상당히 많은 일을 잘 할 수 있고, 마침내 한 번 시작한 일은 끝까지 마칠 수 있음을 알게 되었다. 나는 업무 만족도와 수입이 모두 높아졌고, 그러면서 개인적으로 흥미가 있는 것들에 더 많은 시간을 쓸 수 있게 되었다.

나는 나에게 맞는 시스템을 찾아냈으며, 나처럼 엉망인 사람에게 맞는 시스템이면 같은 상황에 있는 다른 사람들에게 적어도 약간의 도움은 될 수 있을 것이라고 느꼈다. 그래서 나는 세미나를 열고 개인적인 지도를 하기 시작했다. 실제로 다른 사람들도 큰 도움을 받기 시작했다. 그리고 나는 그들의 피드백을 받아 한층 더 좋은 시스템을 만들 수 있었다.

그러다가 전혀 예기치 못했던 일이 일어났다. 나는 더 이상 기법들의 도움이 필요하지 않음을 알게 되었다. 시간을 통제할 수 있다는 것이 무엇을 뜻하는지 알게 된 후에, 나는 기법들의 도움 없이도 같은 결과를 달성할 수 있었다. 나는 시간 관리에 있어서 수영을 배우는 사람이 마침내 보조 장치를 던져버리는 단계, 혹은 자전거를 배우는 아이가 마침내 혼자서 탈 수 있는 단계와 같은 단계에 도달했다. 하지만 내가 처음에 그런 기법들의 도움을 받지 않았다면, 절대로 그런 단계에 도달할 수 없었을 것이다.

요약 · Summary

- 우리는 시간을 관리할 수 없다. 하지만 우리는 관심의 방향을 관리하는 법은 배울 수 있다.
- 우리가 관심을 쏟는 것은 무엇이든 변하기 시작한다.
- 모든 것은 우리가 원하건 원하지 않건 변하기 마련이다. 우리는 그와 같은 변화에 동참할 것인지 선택할 수 있다.
- 시간 관리를 잘 하는 사람은 무언가를 하겠다고 결정했기 때문에 무언가를 한다. 시간 관리를 못 하는 사람은 무언가를 하려는 충동을 느끼기 때문에 무언가를 한다.
- 궁극적인 목표는 해야 할 것을 해야 할 때에 하는 것이다.

당신은 정신력 훈련을 하고 있는가?

내가 앞에서 소개했던 그 정신력 훈련을 아직 시작하지 않았다면, 바로 오늘 그것을 시작하라. 이 훈련은 당신이 충동에 의존하는 사람에서 결정에 의존하는 사람으로, 시간과 인생을 잘 관리하는 사람으로 변하기 위한 초석이다.

· 2장 ·

우리의 삶을
더 잘 관리할 필요성

개인적인 발전과 사업이나 일의 조직화에 관한 책들의 엄청난 숫자는 삶을 관리하는 문제에 대한 답을 찾을 필요성이 얼마나 절박한지를 잘 보여준다. 이 장에서 우리는 이와 같은 필요성이 어떻게 나타나고, 잘못된 시간 관리의 결과는 무엇인지 보게 된다. 우리는 또 이 분야에서 당신이 얼마만큼의 문제를 안고 있는지도 보게 된다.

시간 관리는 의뢰인들이 인생 설계사에게
도움을 청하는 가장 중요한 문제이다

　스포츠의 세계에서도 선수들에게 감독이 있듯이, 우리의 삶에도 인생 설계사가 있어야 한다는 개념은 점점 더 퍼지고 있다. 인생 설계사는 우리의 꿈과 욕망을 실현시키는 아주 개인적인 활동에 지원과 지혜를 제공할 수 있다. 인생 설계사는 그 형태와 전문성이 다양하지만, 그들 모두는 사업이건 개인적인 삶이건 삶을 전체적으로 보도록 권유하는 공통점이 있다.

　국제설계사협회가 의뢰인들을 대상으로 조사한 바에 따르면, 시간 관리는 의뢰인들이 설계사들에게 도움을 청하는 가장 중요한 문제이다. 이것은 우리가 흔히 가장 중요한 분야로 여기는 사업적인 발전이나 인간적인 관계보다 더 중요한 문제이다. 이것은 서구의 신기술 사회에서 사는 사람들이 가장 절박하게 여기는 문제일 것이다.

　우리는 현대 사회의 바쁜 삶을 도저히 따라가지 못한다. 남자이건 여자이건, 직장인이건 사업가이건, 사무실에서 일하건 집에서 일하건 현장에서 일하건, 현대의 통신과 교통은 우리가 따라가지 못할 정도로 삶의 속도를 높였다. 물론 그에 따라 우리의 삶은 가능성도 엄청나게 높아졌다.

　우리는 선조들보다 훨씬 더 넓고 덜 제한적인 삶을 산다. 그러나 삶의 폭은 넓어졌어도 더 많은 것을 점점 더 얇게 하고 깊이가 얕아졌다면, 그와 같은 것들이 무슨 소용이 있겠는가? 우리의 삶의 폭은 더 넓어졌을지 모르지만, 우리는 대개 이유도 모르면서 더 얕은 삶을 살고 있다.

그렇다고 미루는 습관이 전혀 새로운 문제인 것은 아니다. '미루는 습관은 시간의 도둑'이라는 격언은 18세기의 시인이었던 에드워드 영의 시에 나오는 말이다. 그리고 더 오래 전에는 성경의 잠언에 다음과 같은 게으름의 경구가 있었다.

> "조금만 더 자야지, 조금만 더 눈을 붙여야지,
> 조금만 더 일손을 쉬어야지!" 하겠느냐?
> 그러면 가난이 부랑배처럼 들이닥치고,
> 빈곤이 거지처럼 달려든다.
> 잠언 6 : 10~11

역사를 통해서 보면, 빠르고 단호하게 행동한 사람들은 행동에 대해 생각만 하던 사람들보다 늘 우위를 차지했다. 율리우스 카이사르(Julius Caesar)는 반대자들이 꼼짝도 못하게 빠른 행동을 하는 것으로 유명했다. 그는 누구도 생각지 못했던 때에 군대를 이끌고 나타났기 때문에 늘 승리를 거두었다. 그의 적들이 그보다 먼저 행동해야만 한다는 점을 잘 알았을 때, 마침내 그를 쓰러뜨릴 수 있었다. 하지만 그들은 그가 죽은 후에 그 배움을 계속해서 적용시키지 못했다.

앞에서도 이야기했듯이, 우리는 시간을 잘 관리하지 못한다. 시간은 우리가 원하건 원하지 않건 매일같이 정확하게 24시간을 구성한다. 하지만 우리는 그런 시간을 사소한 것으로 채울지, 아니면 가치가 있는 것으로 채울지 결정할 수 있다. 우리가 관리해야 하는 것은 시간이 아니라 우리 자신이다. 우리는 특히 어디에 어떻게 관심을 집중해야 하는지 배울 필요가 있다.

나는 이 책에서 적절할 때 그 문구를 계속 사용하겠지만, 사실 '시간 관리'라는 표현은 정확한 표현이 아니다. 우리가 실제로 다루는 것은 우리의 삶을 관리하는 법이다. 우리가 그것에 '인생 관리'라는 새 이름을 붙인다면, 우리가 다루는 문제는 보다 분명해질 것이다. 우리는 자신에게 중요한 것과 우리 존재의 근원이 밖으로 드러난 것을 다룰 뿐이다.

관심을 관리하지 못하면
우리의 삶은 망가진다

그렇다면 '시간 관리'를 '인생 관리'라는 새로운 관점에서 볼 때 우리는 무엇을 알게 되는가? 우선, 우리가 원하는 대로 삶을 살지 못하면, 상당한 좌절과 스트레스를 겪게 된다는 것이다. 물론 상황은 늘 우리가 원하는 대로는 되지 않음을 우리는 안다. 하지만 우리 자신의 결함 때문에 실패하고 실적이 좋지 않다면, 우리는 그것을 받아들이기가 쉽지 않다. 특히 우리가 달성하려 애쓰는 것이 사실은 우리의 능력 안에 있을 때는 더욱 그렇다. 그럴 때 우리는 스스로 만든 굴레에서 벗어나지 못하기 때문에, 스스로 노예가 된 것 같은 기분을 느끼게 된다. 그보다도 더 나쁜 것은, 우리는 그와 같은 굴레를 유지하고 강화하는 데 우리가 공헌하고 있다고 느끼게 된다.

우리의 경력과 사업은 잘못된 인생 관리 때문에 고생한다. 성공하는 사람들은 자신의 관심을 요구하는 많은 것들을 어떻게 걸러서 정말로 중요한 것에 집중할 수 있는지 잘 안다. 하지만 우리는 필요할 때 필요한 곳에 관심을 집중하지 못하면서, 안전 지대를 만들어 더 이상 나아가려 하지 않는다. 그 결과 우리는 수렁에 빠지고 만다.

그것은 크고 아름다운 수렁일 수도 있지만, 어쨌든 우리는 그 곳에 빠지고 만다. 그리고 우리는 그 점을 잘 안다. 공적인 분야에서 우리는 늘 이와 같은 일이 일어나는 것을 본다. 연예계의 일부 스타들은 자기 자신을 재발견해서 새롭게 적응해 매력을 유지할 수 있다. 하지만 다른 스타들은 예전의 모습에서 벗어나지 못하고, 그래서 곧 대중의 인기를 잃고 만다.

잘못된 인생 관리는 또 우리의 신뢰성에 타격을 가할 수 있다. 우리가 어떤 업무를 완수할 수 없다고 동료들이 불신하면, 그것은 절대로 좋은 일이 아니다. 그것은 또 우리가 하겠다고 이야기한 것을 하지 못할 때 가족의 불신도 야기한다.

이혼의 많은 경우는 특별한 배신이나 잔인함의 결과라기보다 서로에 대한 무관심이 축적된 결과이다. 많은 아이들은 부모의 관심을 받지 못한다고 생각하기 때문에 소원해진다. 그리고 부모들이 아이들에게 충분한 관심을 주지 못한다면 삶이 무슨 의미가 있겠는가?

이와 같이 관심을 관리하지 못하면 우리의 경력은 손상되고, 결혼 생활은 망가지고, 아이들은 소원해진다. 이보다 더 나쁜 일이 어디 있겠는가? 하지만 더 나쁜 일도 있다. 수많은 사람들에게 피해를 주는 많은 사고와 참사는 관심의 부족 때문에 일어날 수도 있다.

나는 대형 사고 기사를 읽으면서, 많은 경우 그것들이 하나의 끔찍한 실수보다 많은 사람들의 사소한 무관심이 축적된 결과임을 알고 몸서리친다. 예를 들어 최근 터키에서 일어난 지진(1999년 8월 강도 7.3의 지진 발생)은 건축 규제 법령의 미비와 지진에 취약한 지역에서의 재난 대비 훈련 부족 때문에 사상자가 훨씬 더 늘었다고 한다.

이밖에도 우리는 무관심이 축적된 결과 대형 사고가 일어난 예를 많이 볼 수 있다. 대형 사고는 대개 끔찍한 원인 때문에 일어나지만, 그것이 더 큰 참사로 이어지는 것은 사람들의 축적된 무관심 때문이다.

그렇다면 이와 같은 무관심은 주로 무엇 때문에 나타나는 것일까? 그것은 대개 미루는 습관 때문이다. 대개의 경우 무관심은 무언가를 무시하겠다는 의도적인 결정이 아니라, 반드시 해야 할 것을 하지 않고 미루는 습관으로 인해서 나타난다.

대부분의 사람들은 나름대로
잘못된 시간 관리의 증상을 보인다

이 책을 여기까지 읽었다면, 당신은 내가 한 이야기의 많은 부분을 이해했을 것이다. 그것은 당신의 경험에 맞을 것이다. 하지만 잠시, 잘못된 시간 관리의 증상 가운데 당신은 얼마나 많은 것을 갖고 있는지 생각해 보자.

다음 항목 중에서, 당신이 문제로 여길 만큼 충분히 경험하는 증상은 어떤 것이 있는지 체크해 보라.

☐ 나는 늘 업무에서 뒤에 처진다.

☐ 나는 많은 일들을 '나중에' 하겠다고 생각한다.

☐ 나는 할 일이 너무 많아 어디서 시작해야 할지 잘 모른다.

☐ 나는 시간이 많을수록 일을 덜 한다.

☐ 나는 중요한 일을 위해 시간을 할당할 때도, 일을 하기보다 시간을 축내는 편이다.

☐ 나는 열성적으로 새 일을 시작하지만 끝까지 완수하지 못한다.

☐ 나는 압력이 높아져야만 겨우 움직이기 시작한다.

☐ 나는 늘 조급하다.

☐ 나는 휴식을 취하면 한참이 지나야만 다시 일을 시작한다.

☐ 나는 많은 것들을 꼭 해야 한다고 생각하지만, 그것들에 관심을 주

려 하지 않는다.

□ 나는 무언가를 미루고 밤에 잠을 못 이루는 경우가 많다.

□ 나는 한 가지 일에 몰두해 다른 모든 것은 잊는 경향이 있다.

□ 나는 늘 위기감 속에서 삶을 사는 것 같다.

□ 나는 자신과 가족을 위해 적절한 시간을 할당하지 않는다.

□ 나는 점점 더 많은 것에 점점 더 적은 관심만을 보인다.

□ 나는 미루었던 일을 마침내 시작할 때, 아직 시작하지 못한 수많은 일들을 생각하며 집중을 하지 못한다.

□ 나는 낮에 농땡이를 치다가 늦게까지 일하거나 일을 집에 가져가는 경우가 종종 있다.

위의 항목 중에서 당신에게 해당하는 것들은 무엇인가? 대부분의 사람들은 정도의 차이는 있어도 몇 가지는 경험한 적이 있을 것이다. 그러나 단지 몇 가지가 아니라 많은 것이 당신에게 해당한다면, 그때는 시간 관리에 문제가 있다고 이야기해도 무방하다. 하지만 진짜 문제는 그것이 아니다.

진짜 문제는 당신에게 아무리 많은 시간이 있어도 여전히 모든 것을 피하기만 할 때 일어난다. 당신은 자꾸만 사소한 것들에 신경을 쓰면서 집중을 하지 못한다. 당신의 진짜 문제는 시간을 관리하지 못하는 것이 아니라, 관심을 관리하지 못 하는 것이다. 다시 말해, 원하는 결과를 달성하도록 지속적으로 관심을 집중하지 못 하는 것이다.

잘못된 시간 관리는 삶의
모든 분야에 영향을 끼친다

앞에서도 이야기했듯이, 이와 같은 문제는 시간의 부족과 전혀 상관이 없다. 우리에게 부여된 시간의 양은 상수이다. 다시 말해, 시간은 매일 똑같은 양이 부여된다. 하지만 우리는 저항을 느낄 때마다 삶의 모든 분야에서 시간의 부족을 느낀다.

여기에서 우리는 다음과 같은 점을 지적할 필요가 있다. 즉, 삶의 다른 모든 분야에서 심각한 시간 관리 문제가 있는 사람들도 자신들이 좋아하는 한 가지 분야에서는 전혀 시간에 문제가 없다는 점이다. 이를테면 취미나 스포츠, 혹은 파티 같은 분야이다. 이런 분야는 그들이 좋아하는 분야이기 때문에 저항을 전혀 느끼지 못한다. 만일 이들이 그런 분야에서 사는 방식으로 전체적인 삶을 산다면, 세상과 교류하는 방식은 전혀 달라질 것이다.

우리의 삶은 최소 저항의 길을 따라가는 경향이 있다. 이것을 볼 수 있는 한 가지 예는 일 중독증이다. 많은 경우에 이렇게 되는 이유는 업무 환경은 짜임새가 분명하고 지원하는 구조가 있기 때문에, 일 중독자의 다른 삶보다 저항이 적다는 점이다.

누군가 개인적인 문제들에 직면하지 않으려 할 때, 그것들을 일 속에 파묻는 것은 피난처를 제공한다. 오랜 근무 시간에도 불구하고 일 중독자들은 그렇게 효율적이지 못하다. 진정한 효율성은 정말로 중요한 것에 집중하는 능력에 달려 있으며, 일 중독자는 그와 같은 집중을 하지 못한다. 일 중독은 종종 오랫동안 일하는 것과 혼동되지만, 나는 그 둘을 구분한다. 때로는 오래 일하는 것이 꼭 필요한 경우도 있기 때문이다. 정말로 효율적인 관리자는 때론 일 중독자보다도 더 오래 일할 수가 있다. 차이가 있다면, 그런 사람은 그 일이 필요하기 때문에, 그리고 그것이 필요할 때만 일을 한다는 점이다.

일 중독자는 필요하건 필요하지 않건 할 일을 찾아낸다. 효율적인 관리자가 더 오래 일하고 더 열심히 일하는 것은 무언가 목표를 달성하기 위해서이다. 반면 일 중독자는 다른 문제들에서 탈출하기 위해 오랫동안 일을 한다.

최소 저항의 길을 보여주는 또 하나의 예는 시한이 정해진 일을 미루는 것이다. 이것은 당연히 리포트나 프로젝트를 완수해야 하는 학생들이 선호하는 것이다. 하지만 이것은 다른 분야에서 일하는 사람들에게도 똑같이 적용된다. 해야 할 일을 미루면 미룰수록 저항은 더 커지지만, 임박한 시한의 압박감도 더 커진다.

시한을 지키지 못할 경우의 결과에 대한 저항이 그 일을 하는 데 대한 저항보다 더 커질 때만 행동을 취한다. 그러면 어떤 일이 일어나는지 보자. 그것과 관련한 스트레스가 최고조에 달할 때 일을 하는 것이다. 하지만 우리는 늘 스트레스가 가장 낮을 때, 그러니까 처음 그 일을 받았을 때 일을 하는 선택을 할 수 있다.

우리는 온갖 일들을 미룰 수 있고, 이렇게 하면 우리는 계속해서 높은 스트레스를 받게 된다. 이와 같은 스트레스를 다루는 한 가지 극단적인 방식은 결과에 상관하지 않는다고 스스로 생각하면서 그 일을 전혀 하지 않는 것이다. 하지만 현실은 부인할 수 없는 것이다. 우리가 이런 태도를 갖는다면 결과는 우리를 압도할 것이다. 우리의 무관심은 대형 참사나 위기를 초래하고, 그 결과 우리는 더 많은 스트레스를 받는다. 혹은 그냥 영원히 무능력한 사람으로 살게 된다.

우리는 업적에 대해 이야기할 때 우리 자신의 기대에 맞추어 사는 것과 우리에 대한 다른 사람들의 기대에 맞추어 사는 것을 구분할 필요가 있다. 하루가 끝날 때 중요한 것은 우리 자신의 기대이다. 우리는 자신의 기대에 맞추어 살지 못할 때, 나중에 돌아보며 후회만을 하게 된다.

저항은 삶의 모든 분야에서 나타난다. 그것은 일에서뿐만 아니라 개인적인 삶에서도 일어난다. 사실은 삶의 분야에서 더 많은 저항이 일어날 수 있다. 우리의 개인적인 삶은 다른 사람들과 더 깊은 감정적 관계를 요구하기 때문이다. 이와 같은 관계는 또 일터에서의 관계보다 훨씬 더 오래 지속되는 것이다. 상사와의 좋지 않은 관계는 직장을 바꾸면 해결할 수 있지만, 가족과의 좋지 않은 관계는 영원히 계속될 수도 있다. 그것은 정말로 '영원히' 계속될 수도 있다.

부모들과의 해결되지 않은 갈등은 그분들이 돌아가신 후에도 여러 면에서 우리의 삶을 망칠 수 있다. 현대의 심리학은 성경의 다음과 같은 구절이 진실임을 밝혀냈다. "너희는 부모를 공경하여라. 그래야 너희는 너희 하느님 야훼께서 주신 땅에서 오래 살 것이다(출애굽기 20 : 12)." 심각한 학대를 받은 경우에도, 부모님을 용서하는 것은 자식들의 치료 과정에서 가장 중요한 단계일 수 있다.

이와 같이 우리의 개인적인 삶에서 저항이 일어날 가능성은 아주 크다. 지금까지 보았듯이, 우리는 집에서 직면한 문제들을 피하기 위해서 일에 몰두할 수도 있다. 우리는 위기 상황이 일어날 때까지 이런 문제들을 무시하다가 일에서도 능률이 떨어질 수 있다.

하지만 잘못된 시간 관리의 가장 나쁜 결과는 우리의 삶을 낭비하는 것이다. 우리의 삶에서 가장 좋고 가장 생산적이어야 할 시절은 순식간에 사라지고, 우리는 원했거나 할 수 있다고 생각했던 것의 일부만을 달성할 뿐이다. 우리는 새롭게 출발하는 길을 찾아야만 더 나은 삶을 살 수 있다. 또 그래야만 남은 삶을 더 보람되게 살 수 있다.

우리가 통제력을 갖추면 삶은 좋아진다

나는 방금 우리의 삶은 최소 저항의 길을 따라가는 경향이 있다고 이야기했다. 이것은 현실적으로 무엇을 의미하는 것인가? 우리가 삶을 살아가는 방식은 거의 전적으로 외적인 자극의 결과라는 뜻이다. 친구들의 따가운 눈총, 사회의 속박, 부모님의 기대, 금전적인 안정감 상실의 두려움 등은 우리 자신의 의도나 열망보다 훨씬 더 강력한 동인이 된다. 우리가 따라가는 삶의 길은 대체적으로 우리가 원하는 길과는 다른 것이다. 그것은 주로 다른 사람들이 우리에게 제시하는 길이다.

우리의 시간을 관리하는 것은 가능한 한 빠르게 과업들의 목록을 작성하는 것보다 훨씬 더 큰 일이다. 그것은 우리 자신을 통제하는 것이다. 그렇게 해서 단순하게 삶에 반응하는 것이 아니라, 스스로 통제력을 발휘하는 것이다.

내가 좋아하는 영화 가운데 〈성축절〉(원제는 Groundhog Day, 빌 머레이, 앤디 맥도웰 주연, 우리나라에서는 '사랑의 블랙홀'이란 제목으로 출시되어 있음 - 옮긴이)이란 영화가 있다. 이 판타지 영화에서 빌 머레이가 열연하는 주인공은 매일 똑같은 생활을 하다가, 마침내 여주인공의 마음을 사로잡고 일상을 깨는 데 성공한다.

내가 이 영화에서 배운 교훈은 우리가 하는 행동에 따라 일상 생활이 얼마나 크게 변할 수 있는가 하는 점이었다. 실제로 우리들 대부분은 매일 똑같은 생활을 한다. 우리는 매일같이 거의 같은 행동을 반복하며, 다른 사람들과 거의 같은 방식으로 살아간다.

우리들 대부분에게 우리가 훨씬 더 나은 사람이 되는 것을 막는 것은 우리가 훨씬 더 나쁜 사람이 되는 것을 막는 것과 같다. 그것은 두려움이다. 결과에 대한 두려움, 사람들의 생각에 대한 두려움, 질병이나 징벌이나 혹은 죽음에 대한 두려움이다.

우리는 두려움을 극복할 수 있을 때, 우리에게 무한한 선택이 있음을 알게 된다. 빌 머레이가 연기한 주인공이 배운 교훈은 일상적인 생활의 반응을 깨면 삶을 통제할 수 있다는 점이었다.

하지만 우리는 뛰기 전에 걷는 법을 배워야만 한다. 그리고 무엇보다 우리는 두 가지를 배워야만 한다. 저항을 극복하는 법과 관심을 집중하는 법이다. 이것들은 우리가 자유를 얻는 열쇠이며, 두 가지모두 연습과 훈련이 필요하다. 이 책의 다음 부분에서 우리는 그렇게하기 위한 구체적인 기법들을 보게 된다. 일단 이 기법들에 숙달되면, 우리는 긴장과 서두름을 줄이거나 없앨 가능성이 높아진다.

우리는 더 이상 충동적으로 살 필요가 없다. 우리는 삶을 다시 균형있게 살 수 있다. 또한 가장 중요한 것은, 우리는 지속적으로 하고자 하는 것을 할 수 있다는 것이다.

요약 · Summary

• 바쁜 상태는 종종 보다 중요하고 도전적인 문제들을 다루지 않으려는 상태이다.

• 중요한 것에 집중하는 것은 삶에서 성공하는 열쇠이다.

• 삶의 여러 상황에 단순히 반응하는 것이 아니라, 늘 자유롭게 반응을 선택할 수 있다.

• 저항을 극복하는 법을 배우면 능력을 최대한도로 발휘할 수 있다.

· 2부 ·

기법들

●

Se io ho ben la tua parola intesa,
rispose del magnanimo quell'ombra,
l'anima tua è da viltade offesa,

la qual molte fiate l'uomo ingombra,
si che d'onrata impresa lo rivolve,
come falso veder bestia quand'ombra.

관대한 영혼이 대답했다.
"내가 당신이 한 말을 제대로 이해했다면,
당신은 겁에 질려 있다."

"사람들은 종종 두려움 때문에
해야 할 일을 하지 못한다.
마치 그림자에 겁을 먹는 야생 동물처럼"

_ 단테의 〈지옥〉 제2가 43∼48

가장 중요한
시간 관리 도구
: 'NO'라고 말하기

이 장에서 우리는 가장 근본적인 시간 관리 도구, 즉 'No'라는 단어를 살펴본다. 앞으로 보게 되겠지만, 우리는 다른 사람들과 특히, 자신에게 'No'라고 말할 수 있어야 한다. 이 기본적인 기술은 아주 중요하다. 이것이 없으면 우리는 시간 관리에 대해 잊는 것이 좋을 것이다. 우리의 일 처리 능력이 높아질수록, 우리는 더 많은 일을 하게 되기 때문이다.

더 나은 기법들은 더 많은 부담으로
이어질 위험성이 있다

　무언가가 삶에 새롭게 들어올 때마다 그것은 당신의 관심을 요구한다. 당신의 관심은 당신이 갖고 있는 가장 소중한 자산이다. 우리는 이미 시간은 문제가 아니며, 시간은 시간일 뿐이라는 점을 보았다. 중요한 것은 관심을 할당하는 것이다. 바로 이것이 문제를 일으키기도 하고, 문제를 없애기도 한다. 이것이 문제를 없애는 이유는 관심 할당의 문제에 충분한 관심을 보이면 그 문제는 해결되기 때문이다.

　바로 이 순간에 당신은 이 책을 읽는 데 관심을 보이고 있다. 이 책이 당신에게 도움이 된다면, 이어서 당신은 이 책의 내용을 실천하는 데 관심을 보여야 한다. 관심이 필요할 때 관심을 보이는 것은 그 자체로서 훌륭한 답이 된다.

　당신은 지금 자신이 해야 할 모든 것에 필요한 관심을 정확하게 보이는 완벽하게 정돈된 삶을 살고 있다고 가정하자. 당신은 자신의 삶 속에 새로운 프로젝트를 넣어야 하겠다고 결정한다. 이것을 성공적으로 하려면 당신은 그 새로운 프로젝트를 적절하게 수행하기 위해 당신의 관심을 다시 할당해야 한다. 이전의 프로젝트는 이미 완성되어서 필요한 공간을 제공할 수도 있다. 하지만 그렇지 않다면, 당신은 새로운 일을 하기 위해 무엇을 중단해야 하는지 결정해야 한다.

　이것을 제대로 하지 않으면, 당신은 그 프로젝트에 필요한 관심을 줄 수 있는 공간을 마련하지 못한다. 그래서 당신의 관심은 분산되기 시작한다. 그 결과 당신은 이전의 초점을 잃게 되고, 이제는 무엇에도 충분한 관심을 쏟지 못하며, 당신의 마음은 완수하지 못한 일들 때문에 점점 더 산만해진다. 우리 가운데 많은 이들은 이미 이런 상태에 있을 것이며, 우리는 지금도 점점 더 그런 상태로 들어가는 과정에 있을 것이다.

우리의 시간을 관리하는 법을 배우는 첫 번째 단계는 우리가 이미 하고 있는 것들에 또 다른 것을 보태지 않는 것이다. 다음 단계로 우리는 다시 우리의 삶 속에 공간을 마련해, 모든 것들에 그것들이 필요로 하는 만큼의 관심을 줄 수 있어야 한다. 우리는 이렇게 필수적인 과정을 수행하는 데 필요한 것을 제대로 처리하지 못할 위험성이 있다. 우리는 이와 같은 두 단계를 건너뛰고 일을 더 효과적으로 처리하는 기법들을 배우려 할 위험성이 있다.

하지만 첫 번째 단계로 우리의 효율성을 높이는 문제는 우리가 새로 얻은 시간을 사용해 한층 더 많은 일을 할 수도 있다는 점이다. 그 결과 우리는 전에 느꼈던 그 압도감을 다시 느끼게 되고, 이제는 그것이 한층 더 많은 부담을 야기하게 된다. 사소한 것들을 보다 효과적으로 처리하기 위한 우리의 새로운 기술은 우리에게 정말로 도전적인 것들을 해결하는 데 아무런 도움도 되지 못한다.

앞에서도 보았듯이, 우리는 우리의 삶과 일에서 정말로 돌파구를 제공하는 보다 도전적이고 더 높은 저항의 문제들을 회피하기 위해 낮은 저항의 문제들을 점점 더 늘리려는 무의식적 욕구가 있다. 그래서 우리들 대부분은 사업과 개인적인 삶 모두에서 너무나 많은 것을 떠안는다. 이것이 회피와 탈출의 결과라는 것을 알게 되면 우리는 그것에서 자유로워질 수 있다.

나에게 인생 설계를 의뢰하는 고객들은 거의 모두가 할 일이 너무 많다는 불평을 한다. 그들은 대개 나에게 몇 가지 새로운 기법을 알려주고 어떻게 우선순위를 정해야 하는지 조언해 달라고 부탁한다. 하지만 나는 그런 것을 해줄 수가 없다. 해결책은 훨씬 더 근본적인 것이기 때문이다. 내가 제일 먼저 하는 일은 그들이 자신의 일의 숲 속에 긴 칼을 들고 가 삶을 정돈하도록 촉구하는 것이다.

내가 하는 이 말에 의뢰인들은 크게 저항한다. 많은 경우에 그들은 자신이나 남들에게 전혀 도움이 되지 않는 일을 하면서도, 그것을 합리화시키려 애를 쓴다. 앞에서도 보았듯이, 그들은 이런 일을 할 수밖에 없다. 그래야만 이들은 삶에서 중요한 문제들에 직면하는 도전을 피할 수 있기 때문이다. 하지만 그 결과 이들은 자꾸만 문제를 회피해서 점점 더 문제를 키우는 악순환에 빠지고 만다.

나는 의뢰인들에게 그들의 관심을 소중한 자산으로 보도록 권유한다. 관심은 그들이 갖고 있는 가장 소중한 자산이다. 나는 의뢰인들에게 그것에 금전적인 가치를 매기도록 권유한 후에 스스로 이렇게 묻도록 이야기한다. "1시간의 내 관심은 나에게 얼마만큼의 값어치가 있는가?" 이것은 대략적인 추산에 불과하지만, 그럼에도 불구하고 그들이 다른 각도에서 삶을 보도록 하는 데 도움을 준다.

내가 그들의 '시간'에 가치를 매기라고 이야기하지 않았음을 주목하라. 우리의 시간은 우리가 하는 일에 얼마나 많은 관심을 갖느냐에 따라 가치가 결정된다. 따라서 가치가 있는 것은 우리의 관심이다.

당신이 월급을 받는 근로자라면, 당신의 고용주는 당신의 시간에 보수를 지급하지 않는다. 그들은 당신의 관심에 보수를 지급한다. 당신이 자기 사업을 하는 사람이라면, 당신의 사업을 발전시키는 것은 얼마나 많은 시간을 쓰느냐가 아니라 얼마나 많은 관심을 쏟느냐이다.

당신이 종일제 직원이라면, 연봉을 천 파운드 단위로 계산해 뒤의 세 자리 영(0)을 떼고, 남은 숫자를 둘로 나누면 당신의 관심이 갖는 가치를 대략적으로 측정할 수 있다. 이렇게 하면 당신은 1시간 동안의 당신의 관심에 고용주가 얼마의 보수를 지급할 의사가 있는지 대략적으로 알 수 있다.

따라서 만일 당신이 일년에 30,000파운드의 봉급을 받는다면, 앞의 30을 둘로 나누어 1시간에 대략 15파운드의 숫자를 얻을 수 있다. 고용주가 당신의 관심에 그만큼의 값어치가 있다고 생각한다면, 당신은 적어도 그만큼의 가치를 당신의 관심에 매겨야 한다.

만일 당신이 자영업을 하는 사람이라면, 역시 비슷한 방식으로 사업에서 얼마를 벌어야 하는지 생각할 수 있다. 만일 당신이 일년에 100,000파운드를 벌고자 한다면, 당신의 관심은 1시간에 50파운드의 값어치가 있는 것이다. 그것은 소중한 것이므로 낭비하지 말아야 한다. 당신이 1시간 30분 동안의 모임에 참석할 때 그곳까지 가는 데 15분이 걸린다면, 그 모임은 당신의 관심을 100파운드 어치 사용하는 것이다. 당신의 관심이 갖는 가치, 그것이 당신에게 갖는 가치를 매겨라. 그리고 당신이 관심을 쏟는 행동의 비용을 계산하라.

　방금 설명한 대로, 1시간 동안의 당신의 관심에 금전적인 가치를 매겨라. 위에서 소개한 어떤 방식도 당신에게 적용되지 않는다면, 그때는 1시간 동안의 방해받지 않는 시간에 얼마를 지불할 의사가 있는지 자신에게 물어라.

　일단 그렇게 가치를 정한 후에, 당신이 일부 일상적인 활동들에 보이는 관심의 비용을 계산하라. 당신의 일상적인 일을 하는 동안 당신이 그 일을 하기 전에 현금으로 값어치를 지불해야 한다면, 그래도 그런 일을 할 것인지 자신에게 물어라.

　만일 당신이 TV 시청료를 내는 것에 불만이 있다면, 뉴스를 보는 것은 매일같이 당신에게 25파운드 어치의 관심을 사용케 한다는 점을 생각하라. 물론 나는 TV에서 뉴스를 보는 것이 잘못된 것이라고 이야기하는 것이 아니다. 다만 나는 당신이 그렇게 함으로써 가치를 얻고 있는지 스스로 묻도록 권유할 뿐이다.

마음만 먹는다면 '무엇이든' 할 수 있다는 말이 있지만, 당신이 '모든 것'을 할 수는 없다. 삶은 우리에게 무한대의 선택을 제공한다. 하지만 우리가 그것들을 '선택'이라고 부른다는 사실은 우리가 그것들 모두를 가질 수는 없음을 보여준다. 우리가 성숙해지려면 우리의 삶을 규정하는 선택과 노력을 제대로 해야 한다. 하지만 이와 같은 선택들이 돌에 새겨진 것처럼 우리가 절대로 바꿀 수 없는 것은 아니다. 다만 그것은 우리 모두 어디에 관심을 쏟아야 하고 어디에 관심을 쏟지 말아야 하는지 선택하는 과정을 거쳐야만 한다는 뜻이다.

이것을 효과적으로 하려면 의식적인 결정을 내릴 수 있어야 한다. 아쉽게도 우리는 종종 세상이 우리에게 제공하는 그 무한대의 선택들에 적절하게 'No'라고 답하지 못한다. 이것은 종종 우리가 하기로 결정한 것들에 확정적으로 'Yes'라고 말하지 못하기 때문이다.

가장 전형적인 예는 한 여자에게 완전히 헌신하지 못하고, 만나는 여자마다 군침을 흘리는 바람둥이이다. 남자이든 여자이든, 우리 모두는 정말로 무엇을 해야 할지 결정을 내리지 못하기 때문에, 무턱대고 무엇이든 하려는 경향을 보일 수 있다. 이것은 우리가 선택할 수 있는 대안들이 아주 많기 때문이다. 예를 들어 우리는 식당에서 음식을 주문할 때, 수많은 음식들을 주문할 수 있다. 하지만 우리는 그중에서 우리가 정말로 먹고 싶은 음식만을 선택해야 한다.

바로 이 간단한 사실을 받아들이려 하지 않기 때문에, 우리는 아주 많은 분야에 관심을 분산시켜 그중에서 어느 것도 제대로 하지 못하는 결과를 초래한다.

　내가 여러분에게 소개하는 여러 기법들을 보기 전에 먼저 꼭 해야 할 것은 당신의 삶을 보면서 정말로 관심을 쏟고 싶은 것은 무엇인지 결정하는 것이다. 물론 당신은 언제든지 우선순위를 바꿀 수 있다. 하지만 당신이 줄 수 있는 관심보다 더 많은 관심을 줄 수는 없다.

　다음에 소개하는 연습은 당신이 그와 같은 결정들을 내리도록 도와준다. 당신은 이것을 숙지할 때까지 몇 차례 반복해야 한다. 이것은 가장 기본적인 필수 코스이다. 이것이 없으면 이 책의 남은 내용은 큰 도움이 되지 못하기 때문이다.

1.　당신이 삶에서 추구하는 다짐과 활동의 모든 분야들을 목록으로 작성하라. 당신의 일과 개인적인 삶을 포함시켜라. 그것들을 가능한 한 잘게 나누어 당신이 추구하는 모든 분야들을 구분하라. 반드시 당신이 추구하는 모든 다짐들을 포함시켜라. 부모, 아이들, 친구들, 자선단체, 기타 등등에 대한 다짐이다. 그리고 휴식과 여가 활동도 포함시켜라. 다시 말하면, 당신이 관심을 보일 필요가 있는 모든 것들의 자세한 목록을 작성하라. 그것은 지금 관심을 쏟는 것일 수도 있고, 그렇지 않은 것일 수도 있다.

2. 이제 그 목록에 있는 각각의 항목에 대해서, 현재 당신의 시간 중에서 대략 몇 퍼센트를 그것에 사용하는지 적어 보라. 이것은 완벽하게 정확할 필요는 없지만, 가능한 한 자세한 그림을 그리도록 노력하라. 잠시 시간을 내서 그것들의 올바른 균형을 잡기 위해 백분율을 조정하라. 당연히 그것들은 합해서 100이 되어야 한다. 당신의 관심은 한정되어 있다. 당신의 관심을 100퍼센트 이상 주는 것은 불가능하다.

3. 지금까지의 연습은 비교적 쉬운 것이었다. 이제는 어려운 부분을 해야 한다. 당신은 모든 항목에 '충분한' 관심을 주어서 그것을 제대로 할 수 있게 해야 한다. 그리고 당연히 이번에도 그 합은 100퍼센트가 되어야 한다. 우리들 대부분은 너무나 많은 항목을 갖고 있어서, 그것들을 제대로 하려면 우리가 갖고 있는 관심보다 훨씬 더 많은 것이 필요하다. 그 결과 그것들 가운데 일부는 (그리고 많은 경우 그것들의 대부분은) 제대로 수행되지 못한다.

   이런 문제를 해결하기 위해서는 목록에서 항목들을 뺄 수밖에 없다. 그리고 이를 위해서는 누군가 다른 사람에게 (대개는 보수를 주고) 그것들을 맡기거나 아니면 전혀 하지 말아야 한다. 이 점은 아주 중요하다. 즉, 이 단계에서 그것은 연습에 불과하다. 아직까지는 당신의 삶에서 큰 변화를 추구하지 말라. 아직도 해야 할 일이 남아 있기 때문이다.

4. 이 연습의 목적은 당신에게는 제한된 양의 관심밖에 없고, 제대

로 할 수 있는 시간이 없는 활동에 관심을 쏟는 것은 무의미하다는 점을 스스로 알게 하는 것이다. '무언가를 제대로 한다'는 말의 뜻은 그것에 충분한 관심을 쏟아서 당신이 목표한 바를 달성한다는 것이다. 당신의 목표가 무엇인지는 당신에게 달려있다.

올림픽에서 금메달을 따겠다는 결심과 건강을 위해 매일 조깅을 하겠다는 결심 사이에는 당연히 큰 차이가 있다. 양쪽 모두 '달린다'는 행동은 같지만, 목표는 아주 다르다. 그러나 금메달과 조깅 모두 달성하기 위해서는 적절한 관심을 할당해야 한다.

5. 이 연습을 마치면 당신에게는 모든 항목에 충분한 관심을 주어 그것이 제대로 수행되고, 당신의 관심 합계가 100퍼센트를 넘지 않는 목록이 생기게 된다. 이것을 정리해 나중에 다시 볼 수 있게 하라.

이것은 쉬운 연습이 아니지만, 이것을 제대로만 하면 당신은 관심의 양이 유한하다는 점과 그것을 제대로 사용하는 것의 중요성을 알게 된다. 목록을 작성하려면 일부 힘든 선택을 해야만 한다. 어떤 것들은 적어도 지금은 충분한 관심을 쏟을 수 없기 때문에, 포기할 수밖에 없다는 인식에서 할 수 없이 포기해야만 할 것이다. 어떤 것들은 기꺼이 포기할 수도 있을 것이다.

어떤 것들은 꼭 필요한 것이기는 해도 당신 혼자서 하기에는 무리가 따르기 때문에, 포기할 수밖에 없을 것이다. 이 경우에는 당신을 대신해 할 수 있는 사람을 찾을 수도 있을 것이다.

앞에서도 이야기했듯이, 당신은 처음부터 완벽한 답을 찾을 수 없을 것이다. 하지만 이 연습을 하면 당신은 조금씩 변할 수 있다. 반드시 기억할 점은, 몇 가지를 제대로 하는 것이 많은 것을 엉망으로 하는 것보다 더 낫다는 점이다.

가치가 낮은 활동에 'No'라고 말하는 것은 아주 중요하다

결국에는 당신만이 당신의 다양한 활동이 자신에게 어떤 가치를 갖는지 결정할 수 있다. 당신이 무언가에 매기는 가치는 삶에서 당신의 가치가 어디에 있는지에 따라 다르다. 나에게는 가치가 있는 것이 당신에게는 가치가 없을 수도 있고, 그 역도 성립할 수 있다.

그럼에도 불구하고 우리들 대부분은 우리에게 별 가치도 없는 활동들에 하루의 많은 시간을 소비한다. 이것들은 종종 우리가 다른 사람들의 요구에 따라 하는 의무적인 활동이다. 우리는 도저히 'No'라고 말할 수 없거나 그렇게 해야 한다고 느끼기 때문에 그것들을 한다. 이런 경우에 우리는 누군가 다른 사람의 가치를 우리의 가치로 대체한다. 하지만 많은 경우에 우리는 가치는 높아도 하기 어려운 것들을 하고 싶지 않아서 가치는 낮지만 하기 쉬운 것들을 한다.

그것이 어느 쪽이건 첫 번째 단계는 우리가 그런 활동을 하는 것은 일종의 탈출구 또는 도전을 피하기 위한 방편임을 아는 것이다. 자신의 가치가 무엇인지 분명하게 안다면, 그때 우리는 그런 가치들에 부합하지 않는 것들을 자신의 삶에 넣지 않을 것이다.

따라서 새로운 활동이나 다짐을 하기 전에 자기 자신에게 이렇게 물어라. "나는 지금 이것보다 나에게 가치가 더 작은 무엇을 하고 있지 않은가?" 이미 당신은 매일같이 24시간 동안 활동하고 있음을 기억하라. 그런데 또 다른 활동을 추가한다면, 당신이 하고 있는 것 중 무언가는 포기해야 한다. 우리는 이렇게 자명한 사실을 생각하지 않으면서 새로운 활동을 하는 경향이 있다. 우리는 새로운 활동에 쓸 수 있는 여분의 시간이 있다고 생각한다.

나는 여기서 이 점을 분명하게 밝히고자 한다. 나는 그동안 무엇이 우리에게 어떤 가치를 갖는지에 대해 많은 이야기를 했다. 나는 당신이 완전히 자기 중심적인 관점으로 삶을 보아야 한다고 말하지 않는다. 오히려 내 이야기는 그 정반대를 의미한다.

우리가 소중하게 여기는 가치들에는 가족, 공동체에의 봉사, 영적인 생활, 그밖에 우리 자신의 개인적인 이익보다 훨씬 더 큰 것들이 포함될 수 있다. 사실 우리는 순전히 자기 중심적인 가치들만 추구하면서 다른 사람들을 고려하지 않으면 충만한 삶을 살 수 없다. 내가 이야기하는 것은 우리에게 소중한 것들에 관심을 쏟아야 한다는 점이다. 그리고 우리만이 그것이 무엇인지 결정할 수 있다.

무언가를 하도록 요구받았을 때, 대부분의 우리는 마지못해 'Yes' 라고 말한 후에 후회를 하는 경향이 있다. 이런 식으로 우리는 정말로 원하지도 않으면서 많은 약속을 남발한다.

이 연습의 목표는 이것을 바꾸어 모든 요청에 대한 첫 번째 반응이 'Yes'가 아닌 'No'가 되도록 하는 데 있다. 이것을 게임처럼 생각하라. 당신은 하루에 얼마나 많이 'No'를 말할 수 있는가? 효과적으로 'No'라고 말할 수 있으려면 올바른 기법을 사용해야 한다.

1. 'No'라고 말할 때는 늘 중립적인 목소리로 말해야 한다. 절대로 짜증을 내거나, 부끄러워하거나, 곤혹스러운 표정을 짓지 말아야 한다.

2. 적어도 한 번은 'No'를 반복할 수 있어야 한다.

3. 절대로 변명을 하지 말라. 그렇게 하면 당신은 자신을 방어해야만 한다.

4. 다음과 같은 식으로 말해야 한다. "그렇게 이야기한 것에 고마움을 느끼지만, 지금은 그렇게 할 수가 없다." 구구절절이 이야기하지 말라. 도전을 받으면 똑같이 중립적인 목소리로 'No'를 반복하라. 다음과 같은 이유를 대는 것은 괜찮다. "나는 지금 새로운 일을 수행하는 데 집중하고 있다." 이유가 일반적일수록 상대방

이 당신을 반박하는 것은 더 어렵다.

5. 그런 이야기를 하는 사람이 당신의 상사라면, 그때는 이렇게 대답하면 된다. "지금은 그것을 우선순위에 넣을 수 없다. 내가 그것을 하도록 무언가를 보류해도 좋은 것이 있는가?" 이번에도 중립적인 목소리로 말해야만 한다!

6. 만일 당신이 'No'라고 말한 후에 마음을 바꾸어 사실은 그것을 하고 싶다고 결정한다면 아주 좋은 일이다! 요점은 당신이 그것을 해야 한다고 느끼기 때문이 아니라 그것을 하고 싶기 때문에 하는 것이다.

이제부터 'No'라고 말하기 시작하라. 그러면 기분이 얼마나 좋은지 느끼기 시작할 것이다!

자넷의 경우

자넷은 남편없이 혼자서 아홉 살짜리 딸을 두고 있다. 그녀는 친구와 함께 동업을 하고 있다. 자넷은 아주 활기차고 창의적인 여자로 사교성도 무척 좋다. 그녀는 무언가를 조직하는 데 흥미를 느끼기 때문에 늘 새로운 모임을 주도하고 온갖 종류의 사회적인 활동을 한다. 일을 할 때 그녀는 늘 새로운 시도와 프로젝트를 추진한다.

나에게 조언을 구하러 왔을 때 그녀는 웬일인지 전만큼 모든 일에서 흥미를 느끼지 못한다고 불평했다. 사실 그녀는 답답함과 짜증을 느꼈으며, 그래서 하는 일도 제대로 되지 않았다.

나는 제일 먼저 그녀에게 정말로 중요한 것이 무엇인지 점검하는 일에 정신을 집중하라고 얘기했다.

"당연히 내 딸이 나에게 가장 중요한 존재입니다. 우리는 자주 함께 어울리지만, 많은 경우에 우리는 내가 너무 바빠서 그냥 같이 있기만 해요. 나는 딸아이와 무언가 특별한 일을 하는 데 더 많은 시간을 보내고, 딸에게 더 많은 관심을 쏟고 싶어요.

나에게는 일도 아주 중요해요. 하지만 이번에도 같은 이야기가 되는데, 나는 아이디어가 아주 많아도 그것들을 실천할 시간은 충분치 않아요. 그리고 우리에게는 더 많은 시간을 쏟아야 할 프로젝트가 많지만, 우리는 그걸 제대로 할 수가 없어요.

그리고 나는 정말로 사회에 공헌을 하고 싶어요. 나는 정말로 사회에 무언가를 돌려주고 싶어요. 그냥 자기만을 위해 사는 것은 의미가 없다고 생각해요. 나는 또 사교적인 생활도 필요해요. 그리고 늘 마음 속으로 다시 결혼을 할지도 모른다는 생각을 해요. 하지만 지금은 시간이 충분치 않아서 사람들을 만날 수가 없어요!"

그녀는 자신이 하는 일을 줄여야 할지도 모른다는 점을 받아들이려 하지 않았다. 특히 그녀는 사회적인 일을 줄이면 이기적인 사람이 되고 말 것이라면서 그것을 용납하지 않으려 했다.

일단 자신이 시간을 사용하는 방식을 보기 시작한 후에, 그녀는 자신이 하는 모든 일이 삶에 부정적인 영향을 끼칠 수도 있다는 점을 깨닫기 시작했다. 한 가지 일을 제대로 하려면 또 다른 일은 무시할 수밖에 없는 것이었다.

그녀가 정말로 요점을 알게 된 것은 우리가 그녀에게 가장 중요한 것, 즉 그녀의 딸에게 집중했을 때였다. "당신이 딸에게 충분한 관심을 쏟는 것이 이기적인 일인가요?" 내가 물었다. 그녀는 그렇지 않다고 대답했다. 그것은 그녀가 한창 자라는 딸에게 해줄 수 있는 가장 중요한 것이었다.

자신에게 중요한 것을 깨닫기 시작하고 모든 일에 시간을 쓸 수는 없음을 알게 된 후, 그녀는 마침내 아주 중요한 결정들을 내릴 수 있었다. 딸에게 진정한 시간을 얼마나 사용할 것인지 결정한 후에, 그녀는 함께 사업을 하는 동업자와 만나서 이제는 제대로 다룰 수 있을 만큼의 프로젝트만 하기로 합의했다. 특히 두 사람은 하나의 프로젝트를 완전히 끝낸 후에, 또 다른 것을 추진하기로 합의했다.

아울러 두 사람은 시간제 직원을 고용해 일부 일상적인 업무를 맡기기로 합의했다. 자넷은 또 늦게까지 일하지 않겠다는 다짐을 했다. 그녀는 이렇게 말했다. "늦게까지 일하는 것은 나쁜 습관이다. 그것은 꼭 필요한 것이 아님에도 불구하고, 나는 그런 습관을 갖게 되었다."

이제 그녀는 지역의 교회와 공동체에 대해 자신이 한 수많은 다짐을 지키는 일이 불가능한 것임을 알게 되었다. 나는 그녀에게 아주 작은 다짐조차도 그녀의 시간에 얼마만큼의 비용을 발생시키는지 보도록 권유했다. 이런 연습을 한 후에 그녀는 깜짝 놀랐다. 마침내 그녀는 마지못해서 하나의 프로젝트에만 집중하고, 나머지 다른 것들은 포기하기로 결정했다.

"나는 사람들의 반응이 두려웠지만, 오히려 그들은 딸과 더 많은 시간을 보내야 한다는 내 입장을 이해했다. 그리고 늘 바쁘게 쫓긴다는 느낌에서 벗어난 후에, 나는 그동안 내가 얼마나 많은 부담을 지고 있었는지 깨달았다." 그녀는 하나의 프로젝트에 정신을 집중할 때 훨씬 더 효과적으로 일할 수 있다는 점을 알게 되었다.

요약 · Summary

- 필요한 모든 관심을 줄 수 있기 전에는 당신이 하는 다짐들을 줄여라.
- 새로운 다짐을 할 때마다 당신은 현재 하고 있는 무언가를 중단해야 함을 기억하라.
- 어떤 요구에도 처음에는 본능적으로 'No'라고 이야기하라.
- 중립적인 목소리로 'No'라고 말하는 법을 배워라.
- 변명이 아닌 설명을 하고, 그것을 당신의 핵심 가치들 가운데 하나와 연결시켜라(예를 들면 "나는 목요일 저녁에 자동차를 사용할 수 없다."라고 말하기보다, "나는 딸 아이와 더 많은 시간을 보내는 데 집중하고 있다."라고 이야기하라).

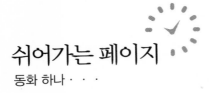

쉬어가는 페이지

동화 하나 · · ·

옛날 옛적 어느 먼 곳에서 상인의 아들이 아름다운 공주와 사랑에 빠졌다. 상인들의 아들은 동화 속에서 늘 '한스'라고 불리는 것 같다. 그래서 우리도 그 아들을 그렇게 부르기로 한다. 왕은 동화 속의 왕들이 늘 그러하듯이 돈이 떨어졌기 때문에 부자 상인의 아들인 한스가 자신의 딸에게 구애하는 것을 좋아했다.

한스가 공주의 관심을 사로잡는 데 성공한 직후에, 한스의 아버지는 이제는 은퇴할 때가 되었다고 결정하고, 사업을 아들에게 물려주었다. 한스는 너무 바빠서 그 모든 사업의 문제를 다루고 동시에 공주에게 구애하는 시간을 가질 수 없었다.

실망에 잠긴 한스는 알아야 할 모든 것을 안다고 소문이 난 늙은 마법사가 마을에 산다는 점을 기억했다. 그래서 한스는 그 마법사의 오두막집으로 찾아가 자신의 문제를 이야기했다.

"가장 중요한 것은 우선순위를 정하는 것이다." 마법사가 말했다.

"그것이 바로 비결이다. 가장 중요한 것을 먼저 하라."

한스는 그렇게 중요한 충고를 받아서 너무나도 기뻤다. 그가 볼 때 자신의 우선순위가 무엇인지는 의심의 여지가 없었다. 그것은 바로 아름다운 공주였다. 그래서 한스는 매일같이 말을 타고 성으로 가서 공주에게 구애하는 데 시간을 보냈다.

안타깝게도 어느 날 한스의 말이 다리를 절기 시작했다. 그것은 한스가 느슨한 말굽을 고치지 않았기 때문이었다. 한스는 말굽을 고치는 것이 우선순위에서 아주 낮은 곳에 있다고 생각했다. 그래서 한스는 걸어 다녀야만 했다.

그러다가 이번에는 한스 자신이 다리를 절기 시작했다. 그것은 한스가 장화를 고치지 않았기 때문이었다. 장화를 고치는 것도 한스의 우선순위에서 아주 낮은 곳에 있었다. 그래서 한스는 공주를 만나러 갈 수가 없었다. 설상가상으로 이제는 사업도 엉망이 되기 시작했다. 이제 한스는 사업을 제대로 회복하기 위해 전보다 훨씬 더 많은 시간을 써야만 했다.

한스는 다시 절망에 빠졌다. 하지만 그러다가 마을 옆 깊은 숲 속에 또 다른 마법사가 산다는 것을 기억했다. 이 마법사는 지난 번 마법사보다 훨씬 더 많이 안다고 알려져 있었다. 그래서 한스는 많은 돈을 주고 다른 말을 빌려 이 마법사를 보러 갔다.

"바로 지금 하라!" 마법사가 말했다. "그것이 바로 비결이다. 바로 지금 하라! 만일 네가 말굽에 이상이 있다는 것을 알자마자 그것을 고쳤다면, 너에게는 이런 문제가 생기지 않았을 것이다. 그리고 네 장화도 그러하다. 바로 지금 하라!"

한스는 멋진 충고를 받아서 뛸 듯이 기뻤다. 집에 오자마자 한스는 모든 것을 바로 지금 하기 시작했다. 그는 말의 말굽과 장화를 각각 수선하도록 보냈다. 그는 즉시 고객들에게 청구서를 보내고 자신이 받은 청구서의 대금을 지불했다. 그는 여러 주일 동안 쓰려고 했던 편지를 부모님에게 써서 보냈다. 그는 우표를 붙이는 일도 잊지 않았다! 그날 밤 한스는 가벼운 마음으로 잠자리에 들었다.

다음날 아침 한스는 면도를 하다가 거울에 금이 간 것을 보았다. "바로 지금 하라!" 한스가 자신에게 말했다. 그래서 그는 새 거울을 사러 거울 가게에 갈 준비를 했다. 그때 한스는 집 밖에 있는 홈통에서 물이 새는 것을 보았다. "바로 지금 하라!" 한스가 말했다. 그래서 한스는 사다리를 갖다 놓고 위로 올라가 무엇이 문제인지 보려 했다.

그곳에 올라가 있을 때 한스는 자신에게 빚을 진 어떤 사람이 지나가는 것을 보았다. "바로 지금 하라!" 한스가 말했다. 그리고는 즉시 사다리를 내려가 그 사람에게 이야기했다. 하지만 그렇게 하는 동안 한스는 거울을 사야 한다는 점을 기억했다. "바로 지금 하라!" 한스가 그렇게 말한 후에 즉시 거울 가게로 달려갔다.

하루가 끝날 즈음에, 한스는 많은 사소한 것들을 절반 정도 했지만, 자신의 사업에 대해서는 한 것이 별로 없었다. 무엇보다 그는 공주에게 편지를 써 보내지 않았다.

한스는 다시 절망에 빠졌다. 하지만 마을 뒤쪽의 높은 언덕에 더 똑똑한 마법사가 산다는 것을 기억했다. 그래서 한스는 전보다 더 많은 돈을 내고 안내인과 당나귀 두 마리를 구해 마법사의 집으로 갔다.

"비결은 해야 할 모든 것을 목록으로 작성하는 것이다." 마법사가 말했다. "그런 후에 네가 하려는 순서에 맞게 모든 항목들에 번호를 매겨라. 그리고 나서 네가 하는 항목들을 하나씩 지워나가라."

한스는 다시 그렇게 멋진 충고를 받아서 뛸 듯이 기뻤다. 그는 언덕에서 내려와 목록을 작성하기 시작했다. 한스는 그동안 너무나 많은 것들을 무시했기 때문에 그것은 아주 긴 목록이었다. 그리고 한스는 그것에 번호를 매기고 일을 하기 시작했다. 목록에서 항목들을 지우는 것은 아주 멋진 느낌이었다. 한스는 그것이 너무 재미있어서 목록에 올릴 더 많은 것들을 생각하기 시작했다.

목록은 점점 더 길어졌다. 매번 하나의 항목을 완수할 때마다 한스는 적어도 세 가지를 추가했다. 하루가 끝날 무렵 다음날을 위한 목록을 작성할 때, 그것은 먼저번의 목록보다 2배는 되었다.

그렇게 이틀이 지난 후에 한스는 실제로 항목들을 처리하는 것보다, 목록을 작성하는 것에 더 많은 시간을 보내는 것 같았다. 그래서 한스는 다시 절망에 빠지기 시작했다.

하지만 어떤 친구가 (이전의 마법사처럼 언덕에 사는 것이 아니라) 인근에서 가장 높은 산꼭대기에 사는, 훨씬 더 똑똑한 마법사에 대해 이야기했다. 이제 한스는 안내인과 당나귀들뿐 아니라 천막과 짐꾼들까지 데리고 마법사를 찾아갔다. 산을 오른 지 나흘이 지나갈 무렵 한스는 마법사의 동굴에 도착했다. 그는 마법사에게 자신의 처지에 대해 열심히 설명했다.

"네 문제는 쉽게 해결할 수 있다." 마법사가 말했다. "전에 하던 대로 목록을 만들어라. 하지만 이번에는 각각의 항목을 실천하려는 정확한 시간을 기입해라. 그렇게 하면 매일 무엇을 할 수 있는지 분명하게 알 수 있다. 미리 시간을 정해라. 그것이 해결책이다."

이것은 한스가 들은 것 중에서 가장 멋진 충고인 것 같았다. 한스는 당나귀를 타고 즉시 산에서 내려와 다시 목록을 작성하고, 각각의 항목에 어느 정도의 시간이 필요할지 가늠한 후에, 다음날 아침 일어날 때부터 잠들 때까지의 시간표를 작성했다.

첫째 날은 순조롭게 지나갔다. 한스는 예전의 어느 때보다 하루에 더 많은 것을 달성하고 잠자리에 들었다. 둘째 날은 그보다도 좋았다.

셋째 날 한스가 점심 식사에 할당한 25분을 막 마쳤을 때, 마차가 문 앞에 와서 오후 시간을 성에서 함께 보내자는 공주의 전갈을 전달했다. 이미 한스는 공주에게 오후 3시 20분부터 3시 55분까지 편지를 쓴다는 시간을 정해놓았기 때문에, 공주의 초대는 그의 시간표에 맞지 않았다. 그래서 한스는 마차를 타지 않고 그대로 성으로 돌려보냈다.

마차가 모퉁이를 돌아 사라질 때, 한스는 자신이 무엇을 했는지 깨달았다. 그가 지금까지 시간 관리에 열심이었던 것은 결국 공주에게 구애하기 위한 것이었다. 그런데 한스는 그것이 자신의 시간표에 맞지 않는다는 이유로 둘도 없는 기회를 거부한 것이었다. 갑자기 시간 정하기는 한스에게 더 이상 맞지 않는 것 같았다. 한스는 시간표를 지킬 수가 없었고 도처에서 방해물에 직면했다. 그는 다시 절망감에 빠졌다.

애석하게도 그에게는 더 이상의 마법사가 없는 것 같았다. 하지만 그때 한스는 그 산맥 너머의 사막 한가운데서 기둥 꼭대기에 산다는, 정말로 똑똑한 사람에 대한 소문을 들었던 기억이 났다.

이번에는 한스가 말 그대로 탐험에 나서야만 했고, 그렇게 하려면 한스는 집을 잡히고 사업체를 팔아야만 했다. 한스는 몇 달이 걸린 고행 끝에 기둥 꼭대기에 사는 마법사를 만났고, 자신의 문제를 마법 사에게 열심히 설명했다.

"자신이 가장 겁내는 것을 제일 먼저 하라." 마법사는 그렇게만 이 야기했다. 한스는 이것이 바로 자신이 찾던 답이었음을 깨달았다. 기 쁨에 넘친 한스는 다시 오랜 여행을 거쳐 집으로 돌아왔다. "내가 가 장 겁내는 것은 무엇일까?" 한스가 자신에게 물었다. "물론 그것은 공주에게 청혼을 하는 것이다."

그러나 한스는 그것이 너무 두려워 감히 할 엄두가 나지 않았다. 그리고 그것을 할 때까지는 아무 것도 하지 말아야 함을 알았다. 그 래서 한스는 집에 앉아 겁에 질린 채 아무 것도 하지 않았다. 마침내 한스의 집은 그가 빚을 갚지 못했기 때문에 남의 손에 넘어갔다.

"나는 이제 잃을 것이 아무 것도 없다." 한스가 말했다. "나는 이제

성에 가서 공주에게 청혼을 할 것이다." 그래서 한스는 다리를 절룩 거리며 (그는 오랜 여행 때문에 또다시 다리를 절룩거렸다) 공주가 사는 성으로 찾아갔다. 한스는 용감하게 공주 앞에 나가 결혼해 달라고 이야기했다. 하지만 공주는 몰골이 남루한 한스를 보면서 일언지하에 청혼을 거절했다.

상심한 한스는 다시 마을로 돌아왔다. 오는 길에 한스는 어떤 남자가 천천히 자기 쪽으로 걸어오는 것을 보았다. 이제 그는 마법사를 보면 그가 마법사인지 아닌지 금방 알 수 있었고, 그래서 한스는 정말로 똑똑해 보이는 그 마법사를 보고 뛸 듯이 기뻤다.

이 마법사는 동정심이 많은 사람이었다. "네 문제는 삶에 굴복하지 않고 저항하려 했다는 점이다. 다른 마법사들이 했던 그 모든 이야기는 잊어버려라. 그냥 흐름에 따라가라. 삶이 너를 데려가는 대로 따라가라. 현재 속에서 살아라. 최소 저항의 길을 따라가라."

한스가 받았던 마법사들의 조언 중에서 이것이야말로 가장 멋진 조언인 것 같았다. 마법사에게 연신 고맙다고 말하면서 한스는 다시 길을 걸어 마을로 돌아갔다. 마을의 술집을 지날 때 한스는 최소 저항의 길은 그 문으로 들어가는 것이라고 생각했다. 그리고 술집에서 한스는 삶에 굴복하는 법을 배웠다. 한스는 이제 공주에 대해 모든 것을 잊었다.

한편, 공주는 모든 일을 하인들에게 맡길 수 있는 멋진 왕자와 결혼했다.

· 4장 ·

일시적인
시간 관리 방법

　이제는 동화 속의 마법사들이 한스에게 준 교훈들을 검토하는 데
로 관심을 돌려보자. 이런 조언들은 기본적으로 대부분의 시간 관리
책들이 제시하는 교훈들이다. 한스가 이런 조언들을 따르는 데 겪었
던 어려움은 우리들 대부분도 겪는 어려움이라고 이야기할 수 있다.
대부분의 사람들은 아직도 삶을 관리하는 데 어려움을 느낀다.

　이것은 일반적인 시간 관리 방법들이 대개의 경우에는 효과적이지
않음을 보여준다. 그렇다고 해서 그것들이 전혀 무의미하다는 말은
아니다. 다만 나는 이 장에서 왜 그런 방법들이 좋은 이야기임에도
불구하고 잘 먹히지 않는지, 그리고 어떻게 해야 그것들의 한계를 인
식하면서 그것들을 최대로 활용할 수 있는지 설명할 것이다.

대부분의 시간 관리 방법은
지속적으로 작용하지 못한다

나는 수많은 시간 관리 책들을 읽던 시절에 똑같은 내용이 계속해서 반복됨을 알게 되었다. 그것들은 때로 다른 옷을 입고 나타났지만, 기본적으로 각각의 책이 담고 있는 내용은 다른 책들의 내용과 비슷한 것이었다. 나는 점차 대부분의 사람들이 아직도 시간 관리에 문제가 있는 것은 그런 방법들에 결함이 있기 때문이라고 확신하게 되었다. 그것들은 좋은 이야기인 것 같아도 실제로는 지속적으로 작용하지 못한다. 그렇다고 해서 모두에게 그렇다거나 그것들에 전혀 가치가 없다는 말은 아니다. 하지만 관심의 방향을 정하는 데 상당한 문제가 있는 우리들 대다수에게 그것들은 별 효과가 없다.

앞에서 소개한 한스 동화는 그것들 중에서 가장 대표적인 것들을 선정한 이야기이며, 나는 각각을 보다 자세하게 설명하려 한다. 나는 각각의 방법들에 어떤 결함이 있는지 보여줄 것이다. 왜냐하면 그것들이 왜 먹히지 않는지 아는 것이 중요하기 때문이다. 나는 또 각각의 방법들을 보는 동안 우리가 그것들에서 배울 소중한 교훈이 있는지, 그리고 그것들은 어떤 상황에서 도움이 되는지도 소개할 것이다. 그런 교훈들 중에서 일부는 우리가 바로 유용하게 쓸 수 있는 것이며, 어떤 것들은 이 책의 마지막 부분에 가서야 알 수 있는 것이다.

다음은 한스가 마법사들에게서 받은 조언의 요약이다.

- 우선순위
- 바로 지금 하라.
- 할 일들의 목록을 만들어라.
- 미리 시간을 정하라.
- 자신이 가장 겁내는 것을 제일 먼저 하라.
- 흐름에 따라가라.

이것들은 모두가 좋은 이야기인 것처럼 보인다. 한스는 이런 조언들을 들을 때마다 기뻐했다. 당신도 이런 것들을 사용해 본 적이 있다면, 처음에 그런 이야기들을 들었을 때 기뻐했던 기억이 날 것이다. 하지만 한스처럼 당신도 그것들의 실천은 그렇게 쉽지 않음을 깨달았을 것이다.

대부분의 사람들은 그 탓을 자기 자신에게 돌리면서, 그와 같은 원칙들이 맞는 것인지 의심하지 않는다. 그러면 이제부터 한스가 받은 첫 번째 조언부터 살펴보자. 아마도 이것이 가장 흔한 조언일 것이다.

**우선
순위**

우선순위는 시간 관리 방법들 중에서 가장 자주 등장하는 것이다.

내가 읽은 시간 관리 책들 중에 어떤 식으로든 우선순위 기법을 설명하지 않은 책은 없을 것이다. 그래서 사람들은 우선순위가 시간 관리 방법으로는 적절하지 않다고 이야기하면 깜짝 놀랄 것이다.

그리고 이 방법으로 실패한 사람들도 그와 같은 반응을 보일 것이다. 이들은 우선순위를 사용하지 않고는 시간 관리를 할 수 없다고 생각하며, 그것을 제대로 하지 못하는 사람은 자신이 무능하기 때문이지 방법이 잘못된 것은 아니라고 주장한다.

나는 당신이 이렇게 말하는 것을 들을 수 있다. "잠깐만, 당신이 앞의 장에서 우리에게 제시한 연습도 우선순위 연습이었다." 그 말에 나는 이렇게 대답한다. "아니, 그것은 정반대의 설명이다. 그것은 우선순위가 아니라 선택에 관한 연습이었다." 당신이 그 연습을 제대로 했다면, 당신이 갖게 되는 것은 우선순위의 목록이 아니라 그냥 하나의 목록, 당신이 관심을 주기로 선택한 것들의 목록이다.

그리고 당신이 그 연습을 제대로 했다면, 당신은 목록 위의 모든 항목에 적절한 관심을 줄 수 있는 충분한 시간이 있어야 한다. 이것은 일부 항목에는 적절한 관심을 주고 다른 항목에는 그렇지 않도록 관심을 배분하는 우선순위 목록과 상당히 다른 것이다.

우선순위를 사용해 일을 해결하려 할 때 한 가지 문제는 대개의 경우 해야 할 일이 너무 많다는 점이다. 예를 하나 들어보자. 일터에서 당신은 프로젝트 A, 프로젝트 B, 그리고 프로젝트 C를 하고 있다. 만일 당신이 이것들의 우선순위를 정한다면, 그 결과 어느 하나의 프로젝트는 (혹은 세 가지 프로젝트 모두) 제대로 수행하지 못할 것이다. 정말로 앞으로 나아가는 방법은 그중에서 어느 하나를 완전히 배제해 남은 두 프로젝트에 충분한 시간을 할애하는 것이다. 이렇게 하면 남은 두 프로젝트는 동등한 우선순위를 갖게 된다.

이것은 아주 간단한 예에 불과하지만, 우리의 관심을 할당하는 것에 대해 기본적인 사실 하나를 잘 보여준다. 진짜 문제는 어떤 것의 우선순위가 무엇이냐가 아니라, 그것을 실제로 해야 하느냐이다. 이것은 아주 중요하기 때문에 다시 한 번 이야기한다. **진짜 문제는 어떤 것의 우선순위가 무엇이냐가 아니라, 그것을 실제로 해야 하느냐이다.** 우리가 갖고 있는 그 모든 프로젝트를 수행할 자원이 충분치 않다면, 그때는 프로젝트의 수를 줄여 가용한 자원에 합당한 만큼만 하는 것이 정말로 만족스러운 유일한 해결책이다.

일단 무언가를 해야 한다고 결정했으면 반드시 그것을 해야 한다. 가령 우리가 프로젝트 A는 꼭 해야 하는 것이라고 결정한다면, 프로젝트 A와 관련된 모든 일은 반드시 해야 한다. 어떤 것은 우선순위에 넣고 어떤 것은 무시할 수 없다. 예를 들어 우리가 고객과 접촉하는 것이 좋은 서류 관리 시스템에 관심을 쏟는 것보다 훨씬 더 우선순위가 높다고 생각한다면, 우리의 기록은 엉망으로 유지되어서 고객들을 잃게 될 것이다.

우리가 "이것은 반드시 해야 하는 것인가?"라는 질문을 엄격하게 적용시키면, 우리가 하는 모든 것은 큰 목표를 이루기 위한 필수적인 과정이다. 우리가 하는 것은 어떤 것도 우선순위가 낮아서는 안 된다. 거의 2천 년 전에 사도 바울도 초대 기독교 교회의 신도들에게 이야기할 때 똑같은 점을 지적했다.

만일 다 한 지체뿐이면 몸은 어디뇨.

이제 지체는 많으나 몸은 하나라.

눈이 손더러 내가 너를 쓸데없다 하거나

또한 머리가 발더러 내가 너를 쓸데없다 하거나

하지 못하리라.

이뿐 아니라 몸의 더 약하게 보이는

지체가 도리어 요긴하고……

고린도전서 12 : 19∼22

우리가 하는 일 가운데 일부를 더 '약하게'(즉, 우선순위가 낮게) 규정하고 그 일을 무시한다면, 그것이 정말로 얼마나 요긴한 것인지 곧 알게 될 것이다. 아무리 하찮은 행정적 업무나 그 밖의 어떤 것도 이른바 '우선순위가 높은' 항목들만큼 전체적인 결과에 똑같이 중요하다. 다른 일을 지원하는 일들이 제대로 수행되지 않으면, 우선순위가 높은 과업도 결국에는 망가지게 된다.

다시 앞에서 소개한 연습으로 돌아가 내가 우선순위에 대해 말한 것에 맞게 고쳐보자. 전체 프로젝트를 과감하게 버려야 한다. 몇 가지 대안들을 해 보면서 어느 것에 가장 기분이 좋은지 보라. 이것은 '선택'에 관한 연습임을 기억하라. 식당의 메뉴판에서 항목들을 선택하듯이 선택을 하라. 결정은 당신이 하는 것이다!

주의 : 이 단계에서도 이것은 연습에 불과하다. 잠시 후에 우리는 좀 더 구체적인 단계로 나아가며, 그러면 당신은 실천을 위한 준비가 될 것이다.

우선순위라는 개념을 깨부수는 데 약간의 시간을 보냈으므로, 이제는 우선순위가 유용하면서 필요한 때도 있다고 이야기하고 싶다. 이와 같은 때는 '중요성'보다 '긴급성'에 바탕해 우선순위를 정하는 때이다. 대개 이와 같은 때는 위기 상황이나 긴급 상황이 일어날 때 발생한다. 당신이 하는 일의 모든 측면에 올바른 양의 관심을 준다면, 위기 상황과 긴급 상황은 별로 일어나지 않을 것이다. 그것들은 대개 어딘가에서 관심이 부족했기 때문에 일어난다. 하지만 우리가 어떻게 하건 그것들은 때로 일어나게 마련이다. 따라서 우리는 그런 상황에도 대처할 수 있어야 한다.

하나의 전형적인 경우는 이와 같을 것이다. 당신은 막 일터에 도착했다. 당신은 꽤 바쁜 아침 시간을 앞에 두고 있으며, 그중에는 오후에 당신이 제안을 해야 할 중요한 모임에 대비한 최종 준비 작업도 포함된다. 당신은 상황을 최후의 순간까지 미룬 편이지만, 그래도 제안을 준비할 충분한 시간이 있음을 알기 때문에, 당신의 관심을 기다리는 여러 다른 문제들을 먼저 다루려 한다.

그러나 당신이 책상에 앉는 순간 전화벨이 울린다. 아주 중요한 고객이 걸어온 전화인데, 빨리 처리해야 할 긴급한 문제를 이야기한다. 당신은 전화기를 놓으면서 어떻게 모임 전까지 모든 일을 처리해야 할지 갑자기 당황하는 자신을 본다. 당신은 겁에 질리기 시작한다. 당신은 마비가 되는 느낌이다.

당신은 이와 똑같은 상황에 처한 적이 없을지도 모른다. 하지만 당신도 갑자기 무언가를 마무리할 충분한 시간이 없음을 알았을 때 우리가 느끼는 그런 공포감을 이해할 것이다. 이런 경우에 당신은 화들짝 놀란 병아리처럼 주위를 뛰면서 아무 일도 제대로 하지 못하고 제안의 준비도 엉망이 될 것이다.

이와 같은 상황을 다루는 첫 번째 단계는 두려움을 구체화해서 전반적인 공포감을 완화시키는 것이다. 구체화된 두려움은 추상적인 두려움보다 덜 위협적이다. 당신은 해야 할 모든 것을 목록으로 작성해 이것을 쉽게 해낼 수 있다. 그것을 적기만 해도 두려움은 계량화되며 공포감은 줄어든다.

그 다음 단계는 목록 위의 항목들에 우선순위를 정하는 간단한 시스템을 사용하는 것이다. 이런 상황에서 내가 볼 때 가장 효과적인 방법은 다음의 방식으로 그것들에 등급을 매기는 것이다.

A - 꼭 해야 할 일

B - 해야 할 일

C - 하면 좋은 일

이와 같은 우선순위들은 특정한 시간대 안에서 정해져야 한다. 다시 말해 모임이 있기 전에 무엇을 꼭 해야 하고, 모임이 있기 전에 무엇을 해야 하고, 시간이 있다면 그 전에 무엇을 하면 좋은가? 일단 목록 위의 모든 것에 등급을 매기면, 꼭 해야 하는 A 항목들 중에서 가장 긴급한 것을 시작하라. 이것은 다른 사람들에게 당신 대신에 항목들 가운데 일부를 하도록 부탁하는 것도 포함할 수 있다.

이제 이것은 위기 상황을 다루기 위한 방법임을 이해하는 것이 중요하다. 이것이 우리의 일상적인 생활에 적용되진 않는다. 그것이 왜 그런지는 간단하게 알 수 있다. 어느 날이건 우리는 하루에 '해야 할 일'을 하는 데만도 바쁘다. 다음날이 되면 또다시 '꼭 해야 할 일'과 더 많은 '해야 할 일들'이 나타난다. 그렇기 때문에 '하면 좋은 일들' 은 너무 오랫동안 무시한 결과 '꼭 해야 할 일'이 되어야만 처리하게 된다.

다시 말해 우리는 많은 것들이 완전히 사라지거나 긴급한 일이 될 때까지 그것들을 연기한다. 이것은 대부분의 우리가 이미 하고 있는 방식을 잘 보여준다! 하지만 걱정할 필요는 없다. 이 책을 읽고 나면 당신은 더 좋은 방법들을 배우게 될 것이다.

이 연습은 두 부분으로 되어 있다.

첫 번째 부분

1. 앞으로 1주일 동안 당신이 해야 할 것들의 목록을 작성하라. 당신이 매일같이 하는 것들과 하겠다고 늘 말하지만 아직까지 하지 못한 것들을 포함시켜라. 그것을 위한 충분한 시간이 있는지에 대해서는 걱정하지 말라.

2. 이제 앞에서 내가 이야기했던 방식으로 '꼭 해야 할 일', '해야 할 일', 그리고 '하면 좋은 일'을 사용해 그 목록에 우선순위를 정해라. 우선순위를 정할 때는 다음날에만 기준을 맞추어라. 그러면 당신이 내일 꼭 해야 할 일이 무엇인지, 해야 할 일은 무엇인지 알게 된다. 그밖의 모든 것들은 '하면 좋은 일'의 범주에 속하게 된다.

3. 당신이 만든 '하면 좋은 일'의 목록을 검토하라. 그것들은 대개 그 범주에 있을 때 당신이 하지 않는다는 사실을 받아들여라. 그중

에서 어떤 것들이 사라지고 어떤 것들이 남는다면, 그것은 긴급한 일이 되는가? 그것을 구체적으로 확인하라.

두 번째 부분

1. 똑같은 목록을 갖고 (필요하다면 다시 작성하라) 이번에는 중요도에 따라 우선순위를 정하라. 무엇이 중요한지 결정하는 것은 당신에게 달려 있다. 목록에서 가장 중요한 항목에 1을 붙이고, 다음으로 중요한 항목에 2를 붙이고, 그런 식으로 번호를 붙여라.

2. 이제 당신이 과거에 겪은 경험에 바탕해서 가능한 한 정직하게 이 질문에 답하고, 그런 후에 목록을 다시 한 번 보라. 다음 주에 당신은 목록에 있는 항목들 중에서 얼마나 실제로 할 것 같은가? 100퍼센트인가? (이 경우에는 이 책을 읽을 필요가 없을 것이다) 60퍼센트인가? 20퍼센트인가?

3. 그 비율이 얼마가 되었건, 당신의 목록에서 그렇게 되는 항목들의 숫자를 파악하라. 예를 들어 당신의 목록에 50개의 항목이 있는데 그중에서 40퍼센트를 1주일에 할 것 같으면, 당신이 주말까지 성공적으로 수행할 항목들은 20개가 될 것이다.

4. 당신의 예상대로 주말까지 성공적으로 수행한 항목들은 목록에서 지워라. 그런 후에 성공적으로 수행하지 못한 항목들을 검토하라. 이번에도 이것들 중에서 대부분은 여전히 같은 수준의 중요도에 머물러 있다면 결코 수행되지 않는다는 사실을 받아들여라. '첫

번째 부분'에서 그랬듯이, 긴급성을 갖게 되는 것은 어떤 것이고, 그냥 관심에서 사라질 것들은 어떤 것인지 구체적으로 확인하라.

　방금 마친 이 연습의 두 부분에서 당신은 각각 긴급성과 중요도에 따라 목록에 우선순위를 정했다. 그리고 당신은 각각의 경우에 비슷한 결과를 보았다. 어떤 것들은 긴급성을 갖게 되지만, 나머지는 관심의 부족 때문에 사라지게 될 것이다.

　이 두 연습에서 내 목적은 당신에게 너무 많은 다짐이 있으면, 그것들 모두에 관심을 줄 수 있게 하는 우선순위 시스템이 불가능하다는 사실을 깨닫게 하는 데 있다. 당신에게 일이 너무 많을 때는 우선순위도 먹혀들지 않는다. 그리고 일이 너무 많지 않을 때는 우선순위를 정하는 것이 불필요하다.

　지금까지 나는 이런 연습을 함으로써 당신의 삶에 주요 변화들이 있어서는 안 된다고 이야기했다. 다만 'No'라고 말하는 연습을 함으로써 한층 더 많은 부담을 지는 것은 피해야 한다고만 이야기했다. 하지만 이제 당신은 일부 변화를 시도할 수 있는 단계에 도달했다.

　나는 앞에서 한 연습을 다시 한 번 고치도록 제안한다. 이번에는 실제로 당신의 다짐들 중에서 일부를 줄이기 위한 목적이다. 이런 과정을 천천히 수행하면서 이 책의 나머지 부분을 읽는 동안 계속해서 재확인하라.

바로 지금 하기

시간 관리 전문가들이 좋아하는 또 하나의 문구는 '바로 지금 하기'이다. 종종 이것은 한 번에 하나씩만 다루라는 식의 개념과 결합된다. 물론 나도 '바로 지금 하기'는 특정한 상황에서 아주 좋은 원칙이라고 생각한다. 예를 들어 나는 책임감이 적었던 더 젊은 시절에 자동차에 기름을 채우는 데 문제가 있었다. 기름 탱크가 빌 무렵에 주유소를 지나가면서 나는 아직 채우고 싶지 않다고 생각하곤 했다. 또 다른 주유소를 지나가면서 나는 같은 생각을 했다.

그러다가 막판에 몰리곤 했다. 나는 바늘이 바닥을 가리켜야만 허둥지둥 주유소를 찾곤 했다. 두어 번 정도는 정말로 기름이 바닥나는 경험도 했다. 하지만 이제는 작은 노란색의 경고등이 들어올 때마다 반드시 다음 주유소에서 기름을 채운다는 원칙을 갖고 있다.

또 다른 예는 내가 저녁 모임에서 돌아와 서류를 아무렇게나 던져놓고 잊어버리곤 하던 나쁜 습관이다. 그 결과 내가 모임에서 합의했던 행동은 제대로 이루어지지 않았다. 이제 나는 '바로 지금 하기' 원칙을 사용해, 늘 서류를 정돈하고 다음날 할 일을 준비하는 습관을 갖고 있다. 그것은 5분 정도 밖에 걸리지 않지만 그 결과는 아주 다르게 나타난다.

이와 같이 '바로 지금 하기'는 일과 개인적인 삶을 부드럽게 만드는 과정을 정립할 때 아주 유용한 방법이다. 하지만 위에서 설명한 내 경험 두 가지에는 공통점이 하나 있다. 즉, 그것들은 다음 번에 무엇을 해야 할지 아주 분명하다는 것이다. 위의 두 가지 예에서 내가 '바로 지금 하기'를 적용시킨 행동은 이미 결정했거나, 자명한 일련의 행동들 중에서 다음 단계에 속하는 것이다. 다시 말해서 그 문구는 내가 분명하게 규정된 길에서 벗어나지 않도록 권유하는 것이다.

문제는 우리가 정해진 경로의 일부가 아닌 행동들을 다룰 때 발생한다. '바로 지금 하기'가 앞으로 나아가는 길이라면, 우리는 '무엇'을 바로 지금 하는 것인지 물어야 한다. 많은 경우에 우리는 할 수 있는 수천 가지 일을 앞에 두고 있다. 우리가 무언가를 하겠다고 결정하는 것은, 그밖의 다른 모든 것을 적어도 지금은 하지 않겠다고 결정하는 것이다. 그것은 선택의 문제이다. 우리는 지금 '무엇'을 해야 하는지 어떻게 결정하는가? 만일 한스처럼 우리가 하는 일이 특정한 순간에 우연히 발생하는 것에 단순하게 반응하는 것이라면, 우리는 점점 더 많은 사소한 것들에 파묻히게 된다.

따라서 '바로 지금 하기'는 많은 것들을 다루는 최상의 방법이 아닐 수도 있다. 그보다는 삶의 모든 측면을 체계적으로 다루는 것이 계속해서 이리 뛰고 저리 뛰면서 '바로 지금 하기'를 실천하는 것보다 더 현명한 길이다. 그것보다 더 효과적인 방법은 지금 무언가를 하지 않고 연기해 두었다가 나중에 다른 비슷한 항목들과 함께 처리하는 것이다. 우리는 나중에 이 부분에 대해서 더 자세하게 볼 것이다.

'바로 지금 하기'는 제대로만 사용하면 좋은 삶을 관리하는 데 중요한 개념이 될 수 있다. 나는 이 책의 뒷부분에서 굳이 생각하지 않아도 올바른 것을 올바른 때에 하는 최종 목표에 접근하면서 이 이야기를 다시 할 것이다. 하지만 우리에게는 그 전에 가야 할 길이 아직 많이 남아 있다.

할 일들의 목록

나는 우선순위를 설명하지 않는 시간 관리 책을 읽어본 적이 없다고 이야기했다. 마찬가지로 나는 어떤 형태든 '할 일들의 목록'을 소개하지 않는 시간 관리 책도 읽어본 적이 없다. 할 일들의 목록과 우선순위는 대부분의 시간 관리 방식들에서 약방의 감초처럼 꼭 들어간다. 하지만 아쉽게도 우리들 대부분은 할 일들의 목록을 작성해도 그것을 꾸준하게 하지 못한다. 설사 그렇게 할 수 있다 해도 그런 사람들은 종종 목록의 노예가 되고 만다. 그들은 목록에서 항목들을 지우는 것 말고 다른 관점에서 삶을 보지 못한다.

나는 할 일들의 목록과 점검표 사이에 뚜렷한 차이가 있다고 강조한다. 점검표는 더 큰 과업을 완수하기 위해 필요한 더 작은 과업들의 목록이다. 쇼핑 목록은 일상 생활에서 볼 수 있는 점검표의 좋은 예이다. 또 다른 예로는 다음과 같은 것들을 들 수 있다.

- 전화 통화시 제기할 요점들의 목록
- 새로운 프로젝트의 행동 단계들을 세분화하기
- 호텔의 객실을 청소하는 직원들을 위해 효과적인 과정 만들기
- 고객과 합의한 행동을 목록으로 작성하기
- 화재 예방 점검을 위해 요점들을 정리하기

점검표는 효과적인 업무 수행에 꼭 필요한 것이다. 새로운 과업을 수행할 때마다 필요한 행동의 빠른 점검표를 작성하는 것은 좋은 생각이다. 다른 것은 몰라도, 점검표를 작성하면 과업 자체에 대한 저항을 줄일 수 있다. 더 작은 과업들은 더 큰 과업들보다 덜 위압적이다.

하지만 할 일들의 목록은 전혀 다른 성격을 가지고 있다. 점검표는 보다 큰 규모의 특정한 과업이나 프로젝트에 관련된 더 작은 과업들의 목록이지만, 할 일들의 목록은 특정한 시간대, 이를테면 하루 동안 할 수 있는 '무관한' 과업들의 목록이다.

지금까지 보았듯이, 할 일들의 목록에서 가장 큰 문제는 어떤 우선순위 시스템을 사용하건 과업들의 상당 부분은 제때에 실행되지 못하고 다음으로 연기되는 경향이 있다는 점이다. 할 일들의 목록에 있는 과업들은 서로 무관한 것이기 때문에, 인간의 마음은 목록에 올릴 새 과업들을 찾아내는 데 더 관심을 보인다. 그래서 할 일들의 목록

은 점점 더 길어지는 경향이 있다. 그것은 점점 더 많은 항목들을 실어 점점 더 많은 관심을 요구한다. 그러다가 이와 같은 목록은 결국 실행에 옮겨지지 못하고, 목록 작성자는 목록의 횡포에서 벗어나는 순간 깊은 안도의 한숨을 쉰다.

첫 번째 부분

당신이 한동안 연기했던 비교적 직선적인 프로젝트를 하나 정하라. 그리고 오늘 그것을 실행하겠다고 결정하라. 그 과업을 완수하는 데 필요한 행동들의 점검표를 작성하라. 그래도 그런 과업들이 위압적으로 보인다면, 그때는 그것들을 더 자세하게 세분하라.

이제는 목록에서 적어도 하나의 항목을 실천하라. 프로젝트 전체가 아니라 하나의 작은 과업을 할 때 얼마나 저항을 적게 느끼는지 한번 보라.

두 번째 부분

그것을 하고 나면, 첫 번째 부분에서 작성한 점검표를 다시 한 번 보라. 프로젝트를 완수하기 위해 목록에 추가할 또 다른 행동들이 있는지 확인하라. 적어도 둘이나 셋을 찾도록 노력하라.

이 연습에서 당신은 점검표에 항목들을 추가하면 점검표의 효율성과 용이함은 오히려 커진다는 점을 볼 수 있다. 프로젝트를 더 자세하게 세분할수록 그것은 더 잘 수행되고 각각의 항목은 더 쉬워진다.

이것은 할 일들의 목록에 항목들을 추가하는 것과 비교된다. 후자의 경우에는 항목들이 늘어날수록 목록의 관리는 더 어렵기 때문에 효율성과 용이성은 더 줄어든다.

시간표 짜기

시간표 짜기는 시간을 기록한 '할 일들의 목록'과 비슷하다. 이번에는 단지 행동들의 목록을 작성하는 것이 아니라, '언제' 그것들을 할지도 결정한다. 이것은 당신이 하루에 실제로 얼마만큼을 할 수 있는지 보게 하고, 필요한 선택을 하도록 만들기 때문에 좋은 점이 있다.

시간표 짜기는 이 세상의 부자, 성공인, 혹은 권력자들이 삶을 사는 방식이기도 하다. 만일 당신이 여왕이나 교황이나 유명한 스타라면, 당신의 삶은 대개 시간표에 따라 이루어진다. 그래서 우리는 그것이 돈이나 지위가 있는 사람들의 삶의 방식이라면, 우리도 그렇게 하는 것이 좋지 않겠느냐고 생각하는 경향이 있다.

이와 같은 생각의 문제는 시간표에 따라 사는 것은 돈이나 권력,

혹은 둘 모두의 '결과'이지 원인이 아니라는 점이다. 이런 사람들에게는 관리자, 집사, 혹은 그밖의 종사자들이 있어서 대신 계획을 짜주고 시간표가 제대로 지켜지도록 돌봐준다. 미국의 대통령은 겁에 질린 표정으로 서류 더미 속을 뒤지면서 프랑스 국빈의 방문 비행기 시간표가 적힌 종이 쪽지를 찾지는 않는다.

나머지 우리들에게는 시간표에 따라서 살려고 할 때 두 가지 주요한 문제가 발생한다. 첫째, 우리의 삶은 예측이 어렵다. 둘째, 무언가를 할 시간을 마련했다고 반드시 그것을 하게 되지는 않는다.

방해 사건들과 긴급한 상황은 일어나게 마련이다. 현명한 사람들은 시간표에 여유 시간을 넣어서 그런 것에 대비할 수도 있다. 하지만 그런 경우에도 우리는 불가피하게 시간표를 다시 짤 수밖에 없다. 우리는 때로 무언가를 할 때보다 시간표를 짜고 또 짜는 데 더 많은 시간을 보내는 것 같다. 따라서 시간표의 첫 번째 문제는 비탄력성이다. 그것은 방해, 위기, 혹은 긴급한 상황에 대처하는 데 좋은 방식이 아니다.

시간표의 두 번째 결함은 때로 방해나 위기가 없어도 시간표를 버린다는 점이다. 우리는 그냥 지키고 싶지 않아서 시간표를 버리곤 한다. 특정한 시간에 특정한 과업을 하겠다고 종이에 적는 것은 아주 좋은 일일 수 있다. 하지만 그것이 반드시 그런 과업을 시작하거나 게으름을 막는 데 도움이 되는 것은 아니다.

나는 '할 일들의 목록'과 '점검표'를 분명하게 구분한다고 이야기했다. 마찬가지로 나는 시간표와 예정표를 분명하게 구분한다. 시간표는 '할 일들의 목록'처럼 서로 무관한 행동들로 이루어져 있다. 예정표는 보다 큰 규모의 구체적인 과업에 서로 연결되는 시간들의 목록이다. 그것은 점검표가 보다 큰 규모의 과업에 서로 연결되는 항목들의 목록인 것과 같다. 그리고 점검표가 그러하듯이, 예정표도 더 포괄적이고 구체적일수록 더욱 효과적이다.

예정표는 지켜야 할 구체적인 약속이 있을 때 시간을 조직하는 아주 좋은 방법이다. 약속 시간에 곧잘 늦는 사람들은 종종 약속 시간 전에 무엇을 할 것인지 구체적으로 정해 그와 같은 문제를 극복하곤 한다.

예정표는 다른 사람들의 활동에 자신의 활동을 맞춰야 할 필요가 있을 때 아주 효과적이다. 예정표는 여러 사람이 같은 장소에 있거나 똑같은 의사소통 수단을 사용해 공동의 과업을 완수하도록 도와준다.

 ▶ ▶ ▶

당신은 모임에 늦게 나타나는 경향이 있는가?

그렇다면 다음 번 모임 전에 구체적인 예정표를 작성하라. 만약 그 모임이 오전 11시에 시작된다면, 당신은 서두르지 않고 몇 시에 도착하고 싶은가? 당신은 몇 시에 출발해야 그렇게 할 수 있는가? 당신은 몇 시에 다른 것들에 대한 작업을 중단해야 시간에 맞출 수 있는가? 이것은 아주 중요한 개념이다. 다른 것들에 대한 작업을 제때에 중단

할 수 있다면, 늦지 않고 모임 시간에 맞춰 참석할 가능성은 아주 높아진다. 이 문제에 대해서는 나중에 다시 자세하게 다룰 생각이다.

가장 겁내는 것을 제일 먼저 하기

우리가 흔히 보는 또 하나의 조언은 하루에 해야 할 일들의 목록을 만들고, 그중에서 가장 겁내는 것을 제일 먼저 하라는 조언이다. 일단 가장 겁내는 것을 제일 먼저 해치우면 나머지 다른 것들은 비교적 쉽다는 것이다.

이와 같은 조언에는 상당한 진실이 숨어 있다. 나는 다시 '지금 바로 하기'로 돌아가 더 발전된 방식으로 그것을 볼 것이다. 마찬가지로 나는 이 조언에 대해서도 그렇게 할 것이다. 사실 나는 이 조언을 약간만 고치면, 우리의 관심을 관리하는 가장 높은 수준의 열쇠 하나를 얻게 된다고 믿는다.

하지만 문제는 이 조언은 대개 아직도 관심을 관리하는 데 비교적 낮은 수준에 머물러 있는 사람들에게 주어진다는 것이다. 특히 이들은 아직도 가장 분명한 형태의 저항조차 '어떻게' 극복해야 하는지 알지 못하는 사람들이다. 미루는 습관이 있는 사람에게 '가장 겁내는 것을 제일 먼저 하라'고 이야기하는 것은 문맹 퇴치 학습을 받는 성인에게 조이스(Joyce)의 〈율리시즈(Ulysses)〉를 읽으면 다른 모든 것은 쉬워진다고 이야기하는 것과 같다. 우리의 능력 밖에 있는 무언가를 시도하면 능력이 커지기는커녕 실망만 하게 된다.

이와 같은 조언의 결과는 대개, 며칠이 지나면 그 사람은 그 첫 번째 항목을 할 수 없기 때문에 어떤 것도 못하게 된다. 그러면 그는 모든 시도를 포기하고 다시 원래의 혼란스런 상태로 돌아가게 된다.

또 하나의 더 미묘한 문제는 우리가 가장 겁내는 것이 반드시 우리가 가장 크게 저항하는 것은 아니라는 점이다. 우리는 불만에 찬 고객에게 전화하는 것을 두려워할 수도 있지만, 우리가 저항하는 것은 왜 고객들이 불만에 차 있는지 깊이 분석하는 것이다. 우리가 겁내는 것과 우리가 저항하는 것의 이와 같은 차이는 아주 중요한 개념이다. 그리고 나는 이 책의 뒷부분에서 이 점을 더 자세하게 설명할 것이다.

**흐름에
따라가기**

당신은 그 마지막 마법사의 조언을 기억할 것이다. "네 문제는 삶에 굴복하지 않고 저항하려 했다는 점이다. 다른 마법사들이 했던 그 모든 이야기는 잊어버려라. 그냥 흐름에 따라가라. 삶이 너를 데려가는 대로 따라가라. 현재 속에서 살아라. 최소 저항의 길을 따라가라."

흐름에 따라가라는 그 마법사의 조언은 다른 마법사들이 제시한 시간 관리의 방법과 내가 지금까지 이 장에서 설명했던 방법과 크게 다르다. 사실 그것은 거의 반(anti) 시간 관리 방법이라고 해도 무방하다. 이것이 갖는 성격은 너무나도 다른 것이어서 일반적인 시간 관리 책들에는 대개 들어 있지 않다. 이것은 시간 관리 책에 소개되기보다 영적인 삶에 관한 책들에 소개되곤 한다. 그 마법사가 이야기했듯이, 기본 개념은 삶을 '관리하려' 애쓰지 말고 삶에 '굴복해야' 한다는 것이다. 그렇게 하면 우리는 우리 앞에서 열리는 길을 찾을 수 있고, 관리할 수 없는 것을 관리하려 피곤할 필요가 없다고 이 이론은 말한다.

흐름에 따라가는 것의 문제는 우리들 대부분은 우리의 삶이 제대로 흘러가게 만드는 충분히 탄탄한 구조가 없다는 점이다. 여기에서 적절한 비유 하나는 늪과 강의 차이이다. 둘 모두 물로 이루어져 있지만, 강에는 둑이 있어서 어디론가 흘러간다. 하지만 늪은 둑이 없어서 어디로도 가지 못한다. 대부분의 사람들은 흐름에 따라가려 할 때 늪에 빠지고 만다. 그들은 최소 저항의 길을 따라가려 애쓰지만, 늪은 어떤 저항도 제시하지 않기 때문에 결과는 정체되고 만다.

우리가 흐름에 따라갈 수 있으려면 적절한 둑이 있어서 우리의 강이 저항을 제공해 삶의 물이 흐르도록 해야 한다. 이 부분은 뒤에서 더 자세하게 다루는데, 그곳에서 나는 시간 관리의 전혀 다른 두 가지 접근법을 하나로 통합시킬 것이다. 우리의 목표는 늘 흐름에 따라가면서 올바른 것들을 올바른 때에 하는 것이다. 하지만 우리는 아직도 많은 것을 해야만 그 단계에 도달할 수 있다.

지금까지 이 장에서 우리는 흔히 알려진 대부분의 시간 관리법을 보면서, 각각의 유용성과 한계성을 살펴보았다. 그 과정에서 우리는 그중에서 어느 것도 대다수의 사람들이 정체에서 벗어나게 하는 데 큰 도움이 되지 못함을 배웠다.

다음 장에서 우리는 사람들이 정말로 원하는 방식으로 삶을 관리하려면 어떻게 해야 하는지 볼 것이다.

요약 · Summary

- 우선순위는 긴급한 상황이나 절박한 마감 시한이 있을 때 사용하라.
- '바로 지금 하기'는 미리 정해진 과업이나 일상적인 것들을 할 때 길을 잡기 위해 사용하라.
- 문제가 발생하면 '왜' 그런 문제가 발생했는지 아는 데 관심을 집중하라.
- 점검표를 작성해 프로젝트에 필요한 행동을 세분하거나 과업이 제대로 완수되도록 하라.
- 예정표를 작성해 다른 사람들의 행동과 자신의 행동을 조화시켜라.
- 흐름과 함께 가려면 강에 둑이 있어야 한다는 점을 기억하라.

5장

시간 및 인생 관리
시스템에서 우리에게
필요한 것은 무엇인가?

지난 장에서 보았듯이, 일부 특별한 상황에서만 사람들에게 현실적으로 도움이 되는 그럴듯한 기법들만으로는 충분치가 않다. 우리에게 필요한 것은 삶의 모든 측면에서 근본적인 변화를 가능케 하는 열쇠들이다. 이번 장에서 우리는 정말로 효과적인 인생 관리 시스템에서 우리에게 필요한 것은 무엇인지 보게 된다. 특히 우리는 대부분의 시간 및 인생 관리 문제의 근본 원인인 '저항'을 보다 자세하게 보게 된다.

충분하고 지속적인 집중적 관심은
성공의 열쇠이다

우리의 상황은 우리가 그동안 관심을 쏟은 것을 반영한다. 이것은 아주 기본적인 규칙이다. 우리가 건강에 관심을 쏟았다면, 우리의 건강은 높은 수준을 갖게 된다. 우리가 일에 관심을 쏟았다면, 우리의 일은 높은 수준을 갖게 된다. 우리가 결혼 생활에 관심을 쏟았다면, 우리의 결혼 생활은 높은 수준을 갖게 된다. 그렇다고 해서 우리가 모든 어려움, 후퇴, 혹은 실패들을 피하게 된다는 말은 아니다. 오히려 우리는 더 기꺼이 위험을 안고 모험을 하기 때문에, 그런 것들은 더 많을 수도 있다. 하지만 우리가 문제들에 충분한 관심을 쏟는 습관을 기른다면, 우리는 그때그때 발생하는 어려움을 더 잘 다룰 수 있다.

반면에 우리가 TV에 나오는 것에만 관심을 쏟는다면, 우리는 TV에 대해 많은 것을 알겠지만 그 외에는 자랑할 것이 없을 것이다. 혹은 우리의 관심이 오랫동안 한 가지에 집중되지 않고 분산된다면, 우리의 삶은 그것을 반영해 혼란스럽고 무의미해질 수 있다.

인간의 두뇌는 우리가 받는 수많은 정보를 걸러내 우리가 관심을 쏟는 것에 관련된 것들만 반영하도록 만드는 데 아주 뛰어나다. 가령 당신은 새 차를 살 때 갑자기 차에만 관심을 쏟는 자신을 보게 될 것이다. 당신은 그것을 애써 찾을 필요도 없다. 당신의 두뇌는 필요한 정보를 자동적으로 제공한다.

우리가 무언가에 관심을 쏟을 때마다 우리의 두뇌는 놀라운 힘을 발산한다. 거의 모든 문제나 도전은 우리의 관심으로 해결할 수 있다. 아쉽게도 대부분의 사람들은 관심이 분산되고, 분리되고, 사소한 것들에 낭비된다. 내가 이 책을 쓴 한 가지 목적은 우리가 이것을 바꿀 수 있다는 점을 보여주기 위한 것이다.

그렇지만 우리의 관심이 거의 모든 문제를 해결할 수 있다고 말하는 것만으로는 충분치가 않다. 우리가 충족시켜야 할 몇 가지 조건이 있다.

관심은 집중되어야 한다

하나의 주제에서 또 하나의 주제로 계속해서 이동하는 관심은, 그러니까 저항에 직면할 때마다 분산되거나 후퇴하는 관심은 충분하지 않다. 관심은 집중되어야만 효과적이다.

관심은 지속적이어야 한다

지속적인 관심을 받지 못하는 것들은 더 나쁜 쪽으로 변하게 된다. 이것은 우리의 정원수, 우리의 화단, 우리의 자동차, 우리의 일, 우리의 가족, 우리의 건강, 그 밖의 우리네 삶의 모든 것에 적용된다. 지속적이지 못한 관심은 충분히 효과적인 결과를 내지 못한다.

관심은 충분해야 한다

우리의 관심이 아무리 집중적이고 지속적이어도 충분하지 않으면 우리가 원하는 결과를 내지 못한다. 어떤 프로젝트에 충분한 관심을 쏟지 않을 때 우리는 두 가지를 잃게 된다. 첫째, 우리는 그 프로젝트와 관련해 목표를 달성하지 못한다. 둘째, 우리는 다른 프로젝트에 사용할 수도 있었던 관심을 낭비한다. 지난 장에서 우선순위에 대해 이야기할 때 나는 충분한 관심도 주지 못하면서 모든 것을 하려는 무모함을 지적했다.

　나는 종종 나에게 조언을 구하러 오는 사람들과 다음과 같은 대화를 나눈다.

"내 일의 우선순위를 더 잘 정하는 법을 배우고 싶습니다."

"그것은 정확하게 무슨 뜻입니까?"

"그러니까 나는 어디에 더 많은 시간을 쓰고, 어디에 시간을 덜 써야 하는지 알고 싶습니다."

"그렇다면 당신은 어떤 것을 잘 해야 하고, 어떤 것을 엉망으로 해야 할지 알고 싶다는 말입니까?"

　대부분의 프로젝트가 실패하는 이유는 지속적이고 집중적인 관심을 충분히 받지 못하기 때문이다. 프로젝트가 성공하는 이유는 지속적이고 집중적인 관심을 충분히 받기 때문이다. 이것은 거대한 토목 공사 프로젝트뿐 아니라 우리의 뒷마당 화단을 가꾸는 데도 똑같이 적용된다. 우리의 인생 관리 시스템은 우리의 모든 프로젝트에 이렇게 충분하고, 지속적이고, 집중적인 관심을 주는 것이어야 한다. 그렇지 않으면 우리의 인생은 가치를 잃게 된다.

'저항'과 '미루기'는 인생 관리에서 가장 큰 문제이다

저항은 거의 모든 인생 관리 문제들의 뿌리를 구성한다. 여기서 내가 말하는 저항은 우리의 삶에서 일어나는 것들에 우리가 제기하는 저항이다. 저항의 아주 나쁜 한 가지 결과는 미루는 습관이다. 이것은 아주 미묘한 형태로 나타날 수 있다. 예를 들어 바쁜 상태는 우리가 정말로 필요한 것을 하지 않으려고 온갖 활동을 하는 미루기의 미묘한 형태이다.

기본적으로 저항은 하나의 활동이 다른 하나의 활동보다 더 어려울 때 발생한다. 여기서 내가 말하는 것은 객관적이기보다 주관적으로 더 어렵다는 것이다. 어떤 활동이 기술적으로는 어려워도 우리가 그것을 좋아하거나 그것에 대해 다짐을 하기 때문에, 우리가 집중하기에는 더 쉬울 수도 있다. 기술적으로는 아주 쉬운 것도 더 많은 저항을 야기할 수도 있고, 그래서 심리적으로는 훨씬 더 어려운 것이 되기도 한다. 이것의 한 가지 좋은 예는 피아니스트가 피아노 연주는 쉽게 느끼지만 세금 납부는 너무나도 어렵게 느끼는 것이다.

저항은 우리의 삶이 사소한 것들로 가득 차는 이유이다. 반드시 그래야 한다는 불변의 법칙 같은 것은 없다. 하지만 대개는 중요한 문제보다 사소한 문제를 다루는 것이 더 쉽다.

저항의 한 가지 법칙은 우리가 무엇을 피할수록 저항은 더 커진다는 것이다. 그래서 우리가 무엇을 연기할 때마다 그것은 점점 더 어려워진다. 그런 후에 어떻게든 저항이 사라지고 우리가 편해진다면 아주 좋은 것이다. 하지만 사실은 그렇지가 않다. 저항은 왠지 모르는 불안감의 구름으로 여전히 남는다.

하지만 우리는 그것을 바꿀 수 있다. 우리가 저항을 극복하고 무언가를 하는 데 성공하면, 그것은 하기에 더 쉬워진다. 실제로 일단 무언가를 시작하면, 그것을 멈추는 데 대한 저항이 생기기도 한다. 하지만 이것도 문제를 야기할 수 있다. 우리는 어떤 활동에 너무 몰두해 다른 모든 것은 무시할 수도 있다.

저항의 또 다른 법칙은 일단 저항이 일정한 수준 이상으로 높아지면 무언가를 하는 것은 사실상 불가능하다는 것이다. 이 경계선은 사람마다 다르며, 이 책에 실린 연습들의 목적은 당신의 저항 경계선을 넓히는 데 있다. 우리는 아직도 무언가를 하지 않는 데 대한 벌이 상당히 커져야만 무엇을 하곤 한다. 다시 말해, 무언가를 하지 않는 고통이 그것을 하는 고통보다 커져야만 하는 것이다. 우리가 그동안 무언가를 상당히 오랫동안 미루었다면, 그것에는 상당히 높은 수준의 고통이 수반되었을 것이다.

우리의 인생 관리 시스템은 저항을 극복하는 방법을 우리에게 제공해야 한다. 사실 이것은 가장 중요한 문제로 다뤄야만 한다. 그렇지 않으면 우리의 저항은 늘 우리가 여러 가지 목표, 계획, 희망, 그리고 꿈을 갖고 있음에도 불구하고 우리에게 실패를 안겨줄 것이다.

우리의 시간을 관리하는 거의 모든 시스템의 문제는 저항의 극복을 충분히 중요하게 다루지 않는다는 점이다.

발생하는 모든 문제를 다루기 위한 시스템이 있어야 한다

우리의 인생 관리 시스템이 어떤 것이건, 그것은 발생하는 모든 문제를 다룰 수 있어야 한다. 다시 말하면, 하루에 한 번 도착하는 편지는 제대로 다룰 수 있지만, 하루 종일 도착하는 이메일은 처리하지 못하는 시스템이라면 의미가 없다. 혹은 우리가 일터를 옮길 때 제대로 대처하지 못하는 시스템이라고 이야기할 수도 있다. 우리의 시스템은 온갖 종류의 문제들을 다룰 수 있어서 새로운 시스템을 고안할 필요가 없는 것이어야 한다.

좋은 시스템은 효율적인 삶에 필수적인 것이다. 그런 시스템이라면 개발하는 데 사용한 시간이 나중에 충분히 보상되고도 남는다. 하지만 많은 경우에 우리는 그런 수고를 하지 않거나 충분한 시간을 투자하지 않는다. 그 결과 우리는 매일같이 비효율적인 시스템으로 고생을 한다. 이번에도 우리는 잘못된 시스템이 야기하는 고통이 그것을 제대로 고치는 고통보다 클 때만 행동을 한다.

표 1. 저항을 극복하는 방법

저항의 증상	· 미루는 습관 · 사소한 일과 '쉬운 일'에 시간 보내기 · 관심의 분산 · 집중되지 않은 걱정 · 자주 발생하는 위기와 긴급 상황 · 위임하지 않으려는 태도
저항의 법칙	· 무언가를 피할 때 저항은 커진다. · 무언가를 실천할 때 저항은 작아진다. · 저항이 특정한 수준(저항의 경계선)까지 도달하면 행동을 하는 것은 거의 불가능하다. · 저항의 경계선을 넘으면 우리는 무언가를 하지 않는 고통이 그것을 하는 고통보다 더 클 때만 행동을 한다.
저항을 극복하는 법	· 저항이 커지기 전에 행동을 한다. · 큰 과업을 더 작은 단계들로 나눈다. · 무언가를 하지 않는 고통을 증대시킨다. · 가능한 한 많은 일을 '자동적으로' 수행케 하는 좋은 시스템과 과정을 개발해 저항이 당신에게 봉사하도록 만든다.

그리고 시간 관리의 시스템도 그러하다. 그것은 우리를 힘들게 하지 말아야 한다. 그렇지 않으면 우리는 계속해서 긴장 속에 살면서도 무언가를 제대로 하지 못한다. 좋은 시스템의 필수적인 조건 하나는 우리를 편하게 만드는 것이어야 한다. 어떤 일이 생길 때마다 그것을 어떻게 해야 할지 생각해야 한다면, 우리는 그 일을 제쳐두고 잊게 될 것이다.

좋은 시스템을 만드는 데 시간을 써야 하는 또 하나의 이유는 한동안 그것을 사용하면 다음부터는 그것이 자동적으로 된다는 점이다.

이것과 관련한 좋은 예는 자동차를 운전할 때 안전벨트를 매는 것이다. 당신이 자주 그것을 매지 않으면, 안전벨트를 매는 것은 성가신 일이 되며, 당신은 계속해서 간헐적으로만 벨트를 맨다. 하지만 매번 안전벨트를 매면, 일주일쯤 지난 후에 그것은 거의 천성이 되고, 당신은 이제 자동적으로 벨트를 매게 된다.

좋은 시스템과 과정도 같은 경우라고 할 수 있다. 그것을 처음에 만들 때는 시간과 노력이 필요하지만, 일단 사용하기 시작해 계속해서 지키면 그것은 자동적이 되어 점점 더 쉬워진다. 우리는 이 책의 뒷부분에서 이것이 무엇을 뜻하는지 더 자세하게 볼 것이다.

인생 관리에서 우리가 겪는 많은 어려움은 나쁜 시스템과 과정들 때문에 발생한다. 그것들은 계속해서 문제들을 야기하고 우리가 변하도록 도와주지 않는다(대체적으로 우리는 무언가를 계속하는 고통이 그것을 바꾸는 고통보다 더 클 때만 그것을 바꾸는 경향이 있다). 많은 경우에 나쁜 습관에서 벗어나는 비결은 인위적으로 고통을 증대시키는 것이다. 예를 들어 담배를 끊을 때는 옛날 방식을 새롭게 사용해, 담배를 필 때마다 차가운 물에 샤워를 하도록 규칙을 정할 수 있다.

사소한 습관을 바꾸기 위해 이렇게까지 고통스러운 과정을 만들 필요는 없지만, 적용되는 원칙은 같은 것이다. 나는 전에 새로운 운영체제에 맞게 내 컴퓨터를 업그레이드했을 때 업무 습관을 바꾸는 데 어려움을 겪었다. 예전의 운영체제에서는 프로그램을 닫으면 그것이 사용하던 메모리는 비워졌다. 그런데 새 운영체제에서는 비워지지 않았다. 나는 예전에 하던 대로 프로그램을 닫았고, 그 결과 내 컴퓨터는 메모리 부족 때문에 다운이 되곤 했다. 당신이 컴퓨터 전문가가 아니라면 세부사항은 알 필요가 없다. 중요한 점은 새 운영체제는 새로운 방식을 요구하는데, 나는 여전히 옛날 습관에 젖어 있었다는 것이다. 마침내 나는 잘못된 방식을 사용할 때마다 컴퓨터를 다시 켜는 과정을 만들었다. 이것은 두 가지 목적을 달성했다. 첫째, 그것은 내 잘못된 행동으로 야기된 메모리 부족을 해결했다. 둘째, 그것은 아주 귀찮은 과정이어서 나는 금세 잘못된 방식을 고치게 되었다.

 ▶ ▶ ▶

당신의 잘못된 업무 습관을 확인하라. 가능하면 간단한 것을 선정하라. 이를테면 책이나 서류를 다 읽고 난 후 아무 곳에나 두는 습관이다. 이렇게 할 때 스스로에게 벌을 주어라. 예를 들면 책이나 파일이 아무 곳에나 있을 때, 힘들게 계단을 올라가야 하는 곳에 그것들을 갖다 놓는 벌이다. 이렇게 하면 정돈도 하고 운동까지 덤으로 할 수 있다!

좋은 시스템과 과정의 또 다른 특징은 일단 사용하기 시작하면 그것들은 우리가 그것들을 사용하지 않을 때 상당한 저항을 야기한다. 이것은 우리가 올바른 길을 가는 데 중요하게 작용한다. 우리는 '흐름을 따라가려' 할 때 늪이 아니라 둑이 저항을 만드는 강과 같아야 한다는 점을 앞에서 보았다. 그렇지 않으면 흐름은 없고 우리는 한 곳에 머물면서 정체되고 만다.

장애물들과 긴급한 상황을 다루는 능력은 아주 중요하다

좋은 시스템을 만들기 위한 시간과 생각의 투자는 결국 효율적인 일 처리를 가능하게 한다. 하지만 일을 함에 있어 장애물이 전혀 없어야 한다는 것은 지나친 바램이다. 우리는 특히 시간표를 짤 때 그런 경험을 한다. 우리가 스스로 여러 장애물들에 취약성을 드러내는 것은 미루기의 또 다른 미묘한 형태일 수 있다. 우리가 꼭 해야 할 일을 다루기보다 장애물들을 다루는 것이 더 쉬울 수도 있기 때문이다. 이것은 위기 상황과 긴급한 상황에도 똑같이 적용된다. '문제 처치하기'는 단호하고 효과적으로 행동할 때 아예 처치할 문제가 없게 만드는 아주 좋은 방법일 수 있다.

그래서 우리의 시스템은 장애물들과 긴급한 상황들을 부드럽게 헤쳐나가면서 동시에 우리가 그 숫자들을 줄일 수 있게 해 주어야 한다.

요약 · Summary

- 성공의 열쇠는 다음과 같은 관심이다.
 – 충분한 관심
 – 지속적인 관심
 – 집중적인 관심
- 우리가 무언가를 피할수록 그것에 대한 우리의 저항은 더 커진다.
- 일단 무엇을 시작하면 계속해서 그것을 하기는 더 쉬워진다.
- 나쁜 습관을 고칠 때는 그것을 하는 고통이 그것을 하지 않는 고통보다 더 크게 만든다.
- 좋은 시스템을 만들어 삶을 자동화시키면 창의적인 시간을 가질 수 있다.

· 6장 ·

다양한 종류의 과업

우리가 지금까지 이야기했던 것을 하나의 좋은 시스템으로 통합시키기 전에, 나는 이 장에서 우리가 직면하게 되는 다양한 종류의 과업에 대해서 설명하고자 한다. 기본적으로 우리는 과업을 다음의 세가지 가운데 하나로 분류할 수 있다. 그리고 이것들은 각각 다른 방식으로 다루어야 한다. 우리의 삶을 관리하는 열쇠 가운데 하나는 이것들의 특성을 이해하고 활용하는 데 있다.

과업의 세 가지 종류는 다음과 같다.

- 시간과 결합되는 과업
- 시간과 결합되어야 하는 과업
- 시간과 결합되지 않는 과업

더 많은 시간을 원한다면 제일 먼저
시간과 결합된 것들을 보아야 한다

많은 과업들은 시간과 결합되어 있다. 이를테면 모임, 시간 약속, 공연, 식사 시간, 학교에서 아이들 데려오기, TV 프로그램(예정표), 영화 상영, 기타 등등이다. 이런 범주에 속하는 과업에는 여러 가지가 있지만, 이것들 모두 공통점을 갖고 있다.

첫째, 이것들에는 거의 언제나 다른 사람들이 관련된다. 사실 이것들에 시간이 결합되는 이유는 다른 사람들이 관련되기 때문이다. 이것들에게 다른 사람들이 관련되지 않는다면 시간이 결합될 이유가 없다.

둘째, 이런 시간은 필수적이다. 우리는 이런 시간을 반드시 지켜야 하며, 그렇지 않을 때는 상당한 고통이 수반된다. 그것은 때로 작은 고통일 수도 있지만, 어떤 것들은 심각한 결과를 초래한다. 하지만 이것들에는 늘 '일찍'과 '제때', 그리고 '늦게'라는 단계가 있다. 그리고 사람들은 종종 거의 같은 정도의 '일찍'이나 '늦게'를 보여주는 경향이 있다.

만일 당신이 습관적으로 5분씩 늦는 사람이라면, 당신은 대개 그 중요도에 상관없이 모든 것에 5분씩 늦는 경향이 있다. 마찬가지로 어떤 사람들은 거의 언제나 5분씩 '일찍' 무엇을 하거나 모임에 도착하는 경향을 보인다.

110

이와 같은 '일찍'과 '늦게'의 정도가 어떠하건, 이런 경우에 우리는 또 다른 사람들에게 의존한다. 다른 사람들이 늦으면 우리는 시간을 낭비한다. 그리고 우리가 늦으면 다른 사람들이 시간을 낭비한다. 이런 경우에 우리는 관심의 통제력을 잃게 되며 다른 사람들에게 의존한다. 뿐만 아니라, 이런 경우에 시작 시간은 대체로 우리의 통제 안에 있지만, 끝나는 시간은 거의 통제 밖에 있다.

예를 들어 위원회의 모임은 우리가 기대했던 것보다 훨씬 더 오래 걸릴 수도 있고, 세미나는 예정된 시간보다 늦게 끝날 수도 있으며, 상사와의 시간 약속은 우리가 예상했던 것보다 2배는 더 걸릴 수도 있다. 그것은 우리의 통제 밖에 있다.

그래서 이런 과업은 다음과 같은 중요한 특성을 갖는다. 즉, 이것들은 대개 처음에 생각했던 것보다 우리의 시간을 훨씬 더 많이 차지한다.

아침에 열리는 30분짜리 모임은 우리의 메모장에서 그렇게 많은 시간으로 보이지 않을 것이다. 하지만 모임 장소에 가는 데 30분이 걸리고, 사람들이 도착하기를 기다리는 데 10분이 걸리고, 실제로 모임이 끝나는 데 20분이 더 걸린다면, 우리는 준비하는 시간을 빼고도 아침 시간에서 2시간을 소비하게 된다. 그런 후에 우리가 '점심 시간 전에 무엇을 하는 것은 의미가 없다'고 말한다면, 우리는 30분짜리 짧은 모임 때문에 아침 시간 전부를 소비하게 된다.

따라서 당신의 삶에서 더 많은 시간을 원한다면 이런 항목들을 가장 먼저 보아야 한다. 물론 그렇다고 모든 모임이나 시간 약속을 없애야 한다고 말하는 것은 아니다. 하지만 우리는 그것들에서 충분한 가치를 뽑아낼 수 있도록 신경을 써야 한다.

어떤 모임이 우리의 관심에서 3시간을 차지한다면, 우리는 그것에서 3시간의 가치를 뽑아내고 있는가? 우리의 관심은 소중한 자산이며 제한적인 자산이기도 하다는 점을 다시 한 번 기억할 필요가 있다.

지난주에 당신이 계획한 그 모든 모임에 당신이 사용한 시간의 합계는 얼마인지 계산해 보라. 당신이 준비하고, 모임에 참석하러 가고, 회복하는 데 사용한 그 모든 시간을 포함시켜라. 이 모든 시간은 당신이 그 모임에 참석하지 않았다면 다른 것에 사용했을 시간이다.

이렇게 한 후에 이 책의 앞에서 설명했던 대로 각각의 모임이 갖는 비용을 알아보라. 만일 당신이 아직도 당신의 관심에 금전적인 가치를 매기지 않았다면, 당신의 관심에서 1시간은 당신에게 어떤 가치가 있는지 지금 확인하라. 따라서 만일 당신의 시간에서 1시간이 갖는 가치가 15파운드라면, 당신의 관심에서 3시간을 차지하는 모임은 45파운드의 비용이 드는 것이다.

자신에게 이렇게 물어라. "나는 그 모임에서 얻어낼 수 있는 것에

45파운드를 지불할 의사가 있는가?" 설사 그 답이 "예"라고 해도 당신은 이어서 이렇게 물을 수 있다. "나는 같은 결과를 더 적은 비용에 달성할 수도 있을까?"

그런 후에 당신이 지난주에 참석했던 그 모든 모임에 들어간 시간과 돈을 비용으로 계산하면 얼마가 되는지 알아 보라. 만일 당신이 우리들 대부분과 같은 사람이라면, 메모장에 시간 약속을 가득 적은 것이 실제로 무엇을 뜻하는지 처음으로 분명하게 볼 수 있을 것이다.

그것들 가운데 일부는 비용의 값어치가 충분히 있겠지만, 다른 것들은 그렇지 않을 것이다. 인생 관리 기술에서 한 가지 핵심적인 사항은 가치가 있는 것과 없는 것을 구분하고, 가치가 없는 것에 관여하지 않는 능력이다.

사례 연구 – 계획된 헌금 캠페인

기독교 신자로서 내가 겪은 개인적 경험은 모임의 필요성을 분명하게 보면 업무의 효율성을 높일 수 있다는 점을 잘 보여준다. 1989년에 나는 치체스터(Chichester) 대교구 안에서 '계획된 헌금 캠페인(planned giving campaign)'을 운영하는 과업을 받았다.

영국 성공회에서 이 대교구는 동부 서섹스(Sussex)와 서부 서섹스의 전지역을 관할하고 250개가량의 소교구를 포함하는 것이다. 계획된 헌금 캠페인의 목적은 교회의 신도들에게 교회의 재정 상태를 분명하게 보여주고, 주간 단위나 월간 단위로 은행의 구좌를 이용하건 헌금이 담긴 봉투를 헌금함에 넣건 특정한 금액을 헌납하도록 설득하는 것이다.

내가 이 일을 맡았을 때, 이렇게 하는 일반적인 방법은 '기독교 봉사정신' 캠페인이라고 알려진 것이었다. 이것은 결과를 달성하는 데는 아주 효과적이었지만 극히 노동 집약적인 방식이었다.

이 방식은 고문관이 6개월 동안에 소교구에 적어도 여덟 차례는 방문할 것을 요구했고, 뿐만 아니라 교구의 신도들도 많은 일을 해야만 했다. 고문관은 저녁 시간에 방문해야만 했는데, 그것은 대개 저녁 시간에만 교회의 신도들이 함께 모일 수 있기 때문이었다.

이런 모임들이 무엇을 달성할 수 있는지에 대해 많은 합리화가 있었다. 교구들 자체는 그런 계획 과정을 제대로 할 수 없다는 논리도 있었고, 고문관이 교구를 잘 알아야만 호의적인 반응을 얻을 수 있다는 논리도 있었다. 그리고 교구는 고문관이 모든 모임에 참석하는 것은 당연하며, 그렇지 않으면 맡은 일을 제대로 할 수 없다고 생각하는 경향이 있었다. 내가 볼 때 이와 같은 설명들은 임무 자체보다 그렇게 해야만 일을 제대로 할 수 있다는 고문관의 생각을 반영하는 것이었다.

대부분의 사람들은 다음과 같은 점을 간과하고 있었다. 즉, 고문관이 교구에 가야만 일이 '제대로' 된다는 것은 맞는 말일 수도 있지만, 그와 같은 방문이 적어도 여덟 차례는 되어야 한다면 고문관이 할 수 있는 캠페인의 수는 극히 제한될 수밖에 없었다. 그렇게 하면 고문관은 일주일에 세 차례 이상은 저녁 모임에 참석할 수 없을 것이었다.

따라서 각각의 고문관은 하나의 캠페인을 운영하는 데 적어도 3주는 필요할 것이었다. 국경일과 교회에서 열리는 주요 행사, 그리고 이런 저런 요인들을 감안할 때, 각각의 고문관은 1년에 14번 이상의 캠페인은 할 수 없을 것이었다.

나는 즉시 저녁 모임의 횟수를 세 차례 정도로 줄일 수 있다면 고문관은 일주일에 한 번의 캠페인을 할 수 있다는 생각을 했다. 내가 맡은 대교구에서 유일한 고문관이었던 나는 이런 비율로 일할 수 있어야만 무언가 진정한 결과를 낼 수 있다고 생각했다. 나는 교구들이 내 도움을 받지 않고도 대부분의 계획을 진행할 수 있는 보다 간단한 형태의 캠페인을 해야겠다고 결정했다.

보다 간단한 형태의 캠페인을 함으로써, 나는 평일 저녁이 아니라 일반적인 일요일의 예배 시간에 핵심적인 설명을 할 수 있었다. 교회의 신도들은 일요일이 되면 대개 예배에 참석하기 때문에 그와 같은 방법에는 장점이 있었다. 뿐만 아니라 나도 일요일 아침에는 예배에 참석했기 때문에, 그렇게 하면 내 시간을 따로 사용하지 않아도 교회에서 시간을 보낼 수 있었다.

그런 후에 나는 평일의 저녁 모임 횟수를 3회로 줄였다. 기본적인 개념을 설명하는 소개 모임과 계획 모임, 그리고 훈련 모임이었다. 나는 늘 교회들과 연락을 유지하면서 필요하면 언제든지 추가 방문을 요청하도록 허용했다. 하지만 한 번도 그런 요청이 들어온 적은 없었다. 모든 문제들은 전화로 충분히 만족스럽게 해결되었다.

이와 같은 변화들의 결과 나는 1년 만에 48번의 캠페인을 성공적으로 수행했다. 그리고 각각의 캠페인은 관련 교구의 계획된 헌금액을 65퍼센트가량 증대시켰다. 불과 2년 만에 우리는 계획된 연간 헌금을 100만 파운드나 높일 수 있었다. 이와 같은 생산성의 엄청난 향상은 내가 스스로 다음과 같이 질문한 결과였다. "이 모임들은 실제로 무엇을 달성하고 있는가?"

'깊이 활동'은 시간이 결합되지 않는 한 제대로 수행되지 않는다

나는 이미 현대의 우리가 안고 있는 문제 하나는 깊이 대신에 넓이를 추구한다는 점이라고 이야기했다. 우리는 점점 더 많은 것을 점점 더 얕게 추구하는 경향이 있다. 과거의 삶은 부자들과 권력자들에게도 훨씬 더 제한적이었는지 모르지만, 당시의 삶은 지금보다 더 깊이가 있었다. 전통과 지역 문화는 박물관에서 전시되거나 관광객들을 위해 공연되지 않았지만 삶의 토대를 형성했고, 오늘날과 다른 공동체와 경험의 깊이를 제공했다.

우리가 다시 예전의 경험으로 돌아가는 것은 가능하지도 않고 바람직스럽지도 않다. 하지만 우리는 오늘날 우리가 하는 경험에 더 깊이 참여할 수 있다. 기도, 명상, 일기 쓰기 등과 같은 활동들은 우리의 삶에 깊이를 제공할 수 있다. 우리에게는 공부나 운동처럼 정기적으로 해야 하는 다른 활동들도 있을 것이다.

이것들은 모두 복잡한 우선순위의 일상적인 번잡함에서 잠시 우리를 떼어내고 차분한 시간을 갖도록 도와준다. 우리가 이것들을 성공적으로 수행하면 하루의 나머지는 대개 기분이 좋을 수 있다. 우리가 이것들을 제대로 수행하지 못하면 하루는 종종 불쾌한 기분으로 끝날 수 있다.

내가 '깊이 활동(depth activity)'이라고 부르는 이와 같은 활동에서 문제는, 이것들은 대개 우리가 바쁘거나 정신이 없을 때 가장 먼저 포기하는 활동이다. 물론 우리는 바로 그런 상황에서 이런 활동들을 가장 필요로 한다. 그리고 일단 그런 것들을 하는 습관을 잃으면, 우리는 점점 더 그와 같은 활동들을 하지 않게 된다.

이와 같은 종류의 규칙적이고 재발적인 일상적 활동을 하기 위한 가장 좋은 방법은 매일 그것에 특정한 시간을 정해서 절대로 위반하지 않는 것이다. 당신은 스스로 어느 시간이 가장 좋은 시간인지 결정해야 한다. 나를 포함한 많은 사람들에게 이것은 아침에 하는 다른 무엇보다 가장 먼저 해야 하는 일이다.

당신의 '깊이 활동'이 기도이건 조깅이건 글쓰기이건, 그것은 자리에서 일어나자마자 (옷을 입거나 커피를 마시거나 이를 닦기 전에) 시작해야 한다. 일단 무언가 다른 것을 시작하면 당신은 곧 잊게 된다. 다시 말해, 세상의 압력이 당신에게 닥치기 시작하고, 그러면 당신은 '깊이 활동'으로 돌아가지 못하게 된다.

또 하나의 좋은 시간은 일터에서 집에 돌아온 직후, 그러니까 한가로운 저녁 시간이다. 이번에도 중요한 것은 다른 무언가에 몰두하기 전에 '깊이 활동'으로 이동하는 것이다.

나는 여기서 경고의 신호를 내보내고 싶다. 즉, 이와 같은 종류의 활동은 지속적으로 하는 것이 매우 어렵다. 그래서 당신은 가능한 한 좋은 시스템을 만들어 스스로를 도울 필요가 있다. 당신이 '깊이 활동'을 제대로 수행하지 못하는 한 가지 경우는 그런 깊이 활동이 너무 많을 때이다.

만일 당신이 하루 종일 일하고 나서 갑자기 명상도 하고, 요가도 하고, 달리기도 하고, 외국어도 배우겠다고 결정한다면, 당신은 결국 실패할 수밖에 없다. 그 결과 당신은 며칠이나 몇 주가 지난 후에 그중 어느 것도 하지 않게 된다.

만일 그런 것을 하나 이상 하고 싶다면, 한 번에 하나씩만 하고 각각을 제대로 수행한 후에 또 다른 것을 시작해야 한다. 많은 것을 엉망으로 하기보다 몇 가지를 제대로 하는 것이 더 낫다는 점을 기억하라.

'깊이 활동'은 우리가 올바른 사고방식으로 우리가 원하는 대로 삶을 관리하도록 도와준다. 이 책의 마지막 장에서 나는 이런 것들을 좀 더 자세히 소개하고 그것들이 이런 측면에서 어떻게 도움이 되는지 설명할 것이다.

당신이 정기적으로 하는 적어도 하나의 '깊이 활동'을 아직도 갖고 있지 않다면, 바로 지금 그런 것을 정하는 것은 어떨까? 그것은 새로운 것일 수도 있고, 전에는 하다가 이제는 하지 않는 것일 수도 있다. 약간의 조언이 필요하다면 이 책의 마지막 장에서 몇 가지 도움을 얻을 수도 있다. 당신의 활동은 무엇이든 당신이 좋아하는 것이다.

중요한 점은 그것을 매일 해야 하고 그것을 함으로써 기분이 더 좋아져야 한다는 점이다. 다음에는 그것을 하는 데 적당한 시간은 언제인지 결정하고 당신의 시간표에서 그 시간을 비워 둬라. 그것을 자신과의 시간 약속으로 생각하면서, 고객이나 상사와의 시간 약속만큼이나 중요한 것으로 여겨라.

**자유롭게 흐르는 활동을 다루는 법은
좋은 시간 관리에서 핵심이다**

그 밖의 다른 것들은 (시간이 결합되지 않는 것들은) 내가 '자유롭게 흐르는(free-flowing)' 활동이라고 부르는 것이다. 다시 말해 이것들은 바위들 주위를 자유롭게 흐르는 강물과 비슷하다. 그리고 바위들은 우리의 일상에서 예정된 항목들을 나타낸다.

자유롭게 흐르는 항목들은 미래의 어느 시점을 시한으로 가질 수도 있지만, 그때가 되기 전에는 그것들을 언제 어떻게 할 것인지 당신이 결정한다. 이것은 그런 항목들에 자유와 융통성을 주는 큰 이점을 갖는다. 하지만 동시에 이것은 미루는 습관과 저항 상승의 위험에 더 큰 기회도 제공한다.

시간표가 우리에게 부과하는 구조가 없기 때문에, 자유롭게 떠다니는 항목들은 통제하기에 어려우며, 이것은 그것들이 대개 우리가 가장 큰 저항을 보이는 대부분의 항목들로 구성된다는 점 때문에 배가된다.

그래서 자유롭게 흐르는 항목들은 제대로 다루지 못하면 우리의 삶을 망가뜨리는 큰 위협이 될 수 있다. 우리가 그것들을 다룰 수 있다면, 그때는 우리가 삶을 더 탄력적으로 살면서 그때그때 발생하는 진정한 욕구들을 더 잘 해결할 수 있다.

좋은 시간 관리는 다른 무엇보다 자유롭게 흐르는 이런 항목들을 얼마나 잘 다루느냐에 달려 있다. 다음 장에서 나는 자유롭게 흐르는 이런 항목들을 즉시 통제할 수 있도록 돕는 일부 기법들을 소개할 것이다.

하지만 내가 이 책에서 이미 여러 차례 지적했던 점을 기억하라. 즉, 어떤 기법도 그 자체로서 당신에게 도움이 되지는 않는다. 내가 지금까지 설명한 이전의 그 연습들을 통해 당신의 활동들을 자세하게 분석하지 않았다면, 당신은 결국 사소한 것들만 더 효과적으로 다루는 데 성공할 수 있을 뿐이다.

우리는 종종 하기에 쉬운 사소한 일에만 집중하면서 더 어렵고 더 중요한 것들을 무시하는 경향이 있음을 기억하라. 이런 상황이 당신에게 일어날 때 그것을 알기는 어렵지 않다. 자신에게 두 가지 질문만 하면 된다. "나는 해야 할 일의 양 때문에 압도당하고 있는가?" "내가 제대로 하고 있는 일들은 나를 정신적으로 발전시키는가?" 첫번째 질문에 대한 답이 "그렇다."이고 두 번째 질문에 대한 답이 "아니다."라면, 당신은 바쁘다는 핑계로 자신에게 도전하지 않으려는 것일 수 있다. 우리의 일은 발전적이어야지 압도적이어서는 안 된다.

당신이 자신을 정신적으로 더 발전시킬수록 당신은 사소한 것들에 덜 압도당할 것이다. 왜냐하면 당신은 그런 것들이 없어도 되기 때문이다. 그리고 무엇보다 중요한 것은, 당신이 자신을 더 발전시킬수록 모든 것이 저절로 되는 것 같은 자유로운 상태에서 사는 것은 더 쉬워진다는 것이다.

존의 경우

존은 중간 규모의 건설 회사에서 마케팅 담당 중역으로 일한다. 그는 결혼해서 아이들을 두고 있다. 나에게 왔을 때 존의 결혼 생활은 한동안 압박을 받고 있었다. 그의 설명에 따르면, 존은 일터에서 스트레스를 받고 있었으며, 수입은 좋았지만 점점 더 일이 삶을 지배하는 방식에 염증을 느끼고 있었다. 존은 자신이 '일하는 기계'가 되고 있다고 느꼈으며, 회사 밖의 모든 생활에서 상처를 받고 있었다.

우리가 함께 존이 어떻게 하루를 보내는지 검토했을 때, 그는 스스로 악순환에 빠져 있음을 분명하게 알게 되었다. 존은 전에 자신의 일에 정말로 흥미를 느끼고 몰두했던 결과 아내의 적개심을 야기했고, 그의 아내는 자신과 아이들이 소외되고 있다는 생각을 갖게 되었다. 하지만 존은 상황을 직시하고 무언가를 하는 대신에 집에서의 문제를 피하기 위해 점점 더 일에 몰두했으며, 그 결과 가족과의 관계는 더욱 나빠졌다.

무엇보다 악순환의 고리에서 벗어나는 것이 급선무였고, 그래서 나는 존에게 매일같이 시간을 정해서 그 시간 이후에는 일하지 말고 집에 갈 것을 권유했다. 나는 또 존에게 그가 참석하는 모든 업무적 모임을 자세하게 분석해 꼭 필요하지 않은 모임에는 참석하지 말 것을 종용했다.

특히 개별적인 통화나 회의 전화 혹은 이메일과 같은, 직접적인 만남 못지 않게 효과적이면서도 시간은 덜 잡아먹는 상황을 찾아보도록 권유했다.

나는 또 존에게 출근 전에 무언가 운동을 하고, 저녁에는 15분 동안 일기를 쓸 것도 권유했다. 이렇게 하면 존이 삶의 균형을 잡는 데 도움이 되고, 일만 하고 산다는 느낌에서 벗어날 수 있을 것이었다.

나중에 존은 더 짧은 시간을 들임에도 불구하고 업무의 효율성은 오히려 더 커졌다고 보고했다. 일기 쓰기는 존이 아내에 대한 자신의 감정을 정리하는 데 도움이 되었고, 존은 마침내 처음으로 아내와 그런 문제를 상의할 수 있게 되었다. 두 사람의 관계는 크게 개선되었으며, 이제 존은 전체적인 삶에서 압박감을 느끼는 대신에 일과 결혼 생활 모두에 대해 긍정적인 느낌을 되찾게 되었다.

요약 · Summary

- 늘 자신에게 특정한 모임이나 시간 약속이 얼마만큼의 가치를 갖는지 묻고 나서 그것에 참석하거나 실행하라.
- 당신은 '깊이 활동'을 해야만 삶의 균형을 유지할 수 있다.
- 한 번에 하나씩 '깊이 활동'을 시작하고, 하나를 끝낸 후에 다음 것을 시작하라.
- 당신의 시간을 '쉬운' 일로 채우지 말라. 도전적인 일이 당신의 목표들을 달성하게 만든다.

· 7장 ·

자유롭게 흐르는
항목들을 다루는 법

이번 장에서 나는 자유롭게 흐르는 항목들을 다루는 몇 가지 기법을 소개하려 한다. 이것들 각각은 자체만으로도 소중한 것이지만, 나는 또 이것들을 한데 합쳐 앞장에서 언급한 모든 조건을 충족시키는 통합된 시스템으로 만드는 법도 설명할 것이다.

내가 소개하는 시스템은 출발점으로 적절한 것이지만, 당신은 점점 더 경험을 쌓음에 따라 이것만으로는 부족하다고 느낄 것이다. 어느 경우이건 이것은 엄격하게 지켜야 할 것이 아니라 당신의 개인적인 시스템을 만드는 데 토대가 되는 것이다.

시간 관리에 관한 강연을 할 때 나는 늘 참석자들에게 그것을 컴퓨터의 초기값(default)으로 보도록 권유한다. 다시 말해 그것은 당신의 취향에 맞게 고칠 수 있는 것이다. 다음 장에서 나는 당신의 개인적인 시스템을 자신의 욕구와 업무 스타일에 맞게 개선하는 법을 더 자세하게 소개한다.

저항 극복의 열쇠는
짧은 분출 속에서 일하는 것이다

이 책을 더 읽기 전에 또 하나의 연습을 권유한다. 이를 위해서는 시간을 재는 타이머, 볼펜이나 연필, 그리고 몇 장의 종이가 필요하다.

우선 먼저 당신이 진지하게 생각해야 하지만 그동안 그렇게 하지 못한 삶의 어떤 문제를 선정하라. 그것이 어떤 문제이건, 사업적인 문제이건 개인적인 문제이건 상관이 없다. 중요한 것은 그동안 집중적인 방식으로 그것에 대해 생각하지 못했어야 한다.

이제는 이 부분을 끝까지 읽은 후에 그것을 실행에 옮기면 된다. 이 연습의 목표는 그 문제에 대해 5분 동안 쉬지 않고 무언가를 적는 것이다. 중요한 것은 '쉬지 않고' 적는 것이다. 생각을 멈추지 말라. 뒤로 돌아가 적은 것을 검토하지 말라. 구두점, 철자, 그리고 맞춤법에 대해서는 걱정하지 말라. 계속해서 손을 움직여라. 그러다가 5분이 지나면 죽은 듯이 멈추어라.

타이머를 설정하라. 이제 글쓰기를 시작하고 타이머가 다 되면 멈춘다.

다 끝낸 후에 그동안 적은 것을 읽어보고 특별히 중요하다고 느끼는 것, 이를테면 새로운 깨달음이나 취해야 할 행동 같은 것에 밑줄을 쳐라. 그런 후에 밑줄을 친 것들 모두를 별도의 목록으로 작성하라.

대부분의 사람들은 이런 연습을 통해서 얼마나 많은 깨달음을 얻는지 놀라곤 한다. 불과 5분 동안의 집중적인 글쓰기를 통해서, 그들은 종종 그렇지 않았다면 며칠 혹은 몇 주가 걸렸을 수도 있는 새로운 시각을 갖게 된다.

내가 이 연습을 소개하는 것은 두 가지 이유 때문이다. 첫째, 이것은 그 자체로서 새로운 깨달음을 얻는 데 유용한 도구이다. 이것은 당신의 창의성 개발에 도움이 될 수 있다. 물론 글쓰기를 하는 시간이 반드시 5분일 필요는 없다. 그 시간은 얼마가 되어도 상관이 없다. 하지만 중요한 점은 정해진 시간 동안 멈추지 않고 글을 쓰는 것이다.

두 번째 이유는 당신이 5분 동안 얼마나 많은 것을 달성할 수 있는지 보여주기 위해서이다. 당신이 이런 연습을 하는 대부분의 사람과 비슷하다면, 전에는 몇 주 혹은 몇 달이 걸리던 것을 5분 만에 할 수 있다는 데 놀랄 것이다.

만일 내가 당신에게 그 문제에 대해 '정확하게' 5분이 아니라 '적어도' 5분 동안 글을 쓰라고 말했다면 어떻게 되었을 것 같은가? 그러면 당신은 그 문제를 보다 자세하게 생각했을 것이라고 느낄지 모르겠지만, 대부분의 사람들은 그와 정반대의 경험을 한다. 다시 말해, 한정되지 않은 기간 동안 글을 쓰는 것은 한정된 기간 동안 글을 쓰는 것만큼 효율적이지 못하다. 한정된 마감 시한이 있으면 정신을 집중할 수 있다.

나는 이것을 '마감 효과'라고 부른다. 우리가 하는 대부분의 일은 마감 시한이 임박할 때 효과적으로 수행되는 경향이 있다. 우리 모두 소위 말하는 금요일 오후 증후군을 알고 있다. 그때 사람들은 거의 모두가 주말에 대비해 책상을 정리한다. 그리고 휴가를 떠나기 전에 어떤 일이 일어나는지도 생각해 보라.

그때는 대개 이전의 2주일 동안 할 수 있었던 것보다 더 많은 일을 불과 이틀 만에 해치운다. 이것들 모두 1주일 정도의 긴 기간에 마감 효과가 적용되는 예이다. 하지만 우리는 훨씬 더 짧은 시간대를 사용해 마감 효과를 보다 지속적으로 삶에 적용시킬 수 있다. 잠시 후에 우리는 이 점을 보게 될 것이다.

이것을 뒤집어서 이야기하면, 우리는 마감 효과가 적용되지 않을 때 일에 집중하지 못하는 경향이 있다. 만일 당신이 자주 점심 시간에 일하거나 늦게까지 사무실에 남아 있는 사람이라면, 당신이 하는 일의 양은 공식적인 퇴근 시간에 일을 마치는 사람이 하는 양보다 더 적을 수도 있다. 그렇게 되는 이유는 당신이 스스로 마감 효과를 제거하기 때문이다.

많은 경우에 이것은 집에서 일하는 사람들이 겪는 주요 문제이다. 이들은 대개 일과 개인적인 삶이 서로 섞이는 경향이 있기 때문에 자연히 마감 효과를 제대로 갖지 못한다. 그 결과 이들이 하는 일은 초점과 집중력이 부족하게 된다.

따라서 당신이 방금 한 그 5분짜리 글쓰기 연습은 마감 효과를 보여주는 좋은 예이다. 우리는 5분 안에 끝내야 하는 마감 시한이 있기 때문에 휴가를 가기 전에 책상을 정리하는 것처럼 집중적으로 일을 한다.

하지만 이 5분짜리 연습은 또 하나의 중요한 원칙을 잘 보여준다. 나는 일부러 당신이 그동안 생각하기를 연기했던 주제, 그러니까 당신이 시작하는 데 어느 정도의 저항을 느끼는 주제에 대해 글을 쓰도록 요구했다. 당신은 이 연습을 마쳤을 때 왜 그동안 그것에 그렇게도 저항했는지 의아하게 여겼을 것이다. 어쩌면 당신은 이제 당신이 새롭게 깨달은 것을 빨리 해보고 싶어 안달할 수도 있다. 그리고 어쩌면 이 장을 더 읽기 전에 서둘러서 그중의 일부를 했을 수도 있다.

이렇게 되는 이유는 간단하다. 짧은 분출(burst)은 저항을 극복하는 아주 효과적인 방법이다. 누구든지 5분 동안 무엇이든 할 수 있다고 이야기해도 무리는 아닐 것이다. 그리고 당신은 서류를 찾거나 전화번호를 찾는 데만 성공해도 곧 본격적으로 움직일 수 있을 것이다.

그리고 본격적으로 움직이기 시작하면 당신이 느끼던 저항은 곧 사라지기 시작할 것이다. 우리 인간들의 관성은 우리가 움직이는 것을 방해하지만, 그것은 또 우리가 일단 시작하면 계속해서 전진하게 만든다. 저항을 극복하기 위해서 일단 노력을 투입하면, 당신은 기세(momentum)를 만들기 시작한다. 이렇기 때문에, 두려움에 가장 좋은 해독제는 행동이라는 격언은 상당한 진실을 담고 있다.

짧은 분출 기간이 끝난 후에 갑자기 일을 멈추는 데는 또 하나의 아주 중요한 이점이 있다. 인간의 마음은 완성을 갈망하며, 당신은 과업을 완수하지 못했다는 기분을 느끼면서 다시 그 일을 하고 싶어 한다. 그러다가 어느 정도 간격이 있은 후에 다시 그 일을 하게 되면, 당신의 마음은 그동안 잠재의식 속에서 그 일을 하고 있었다는 점을 알게 된다. 당신은 중단 없이 계속해서 일을 했을 때보다 훨씬 더 좋은 아이디어를 떠올리게 된다.

그래서 요약하자면, 짧은 기간의 분출은 과업에 대한 저항을 극복하는 데 아주 좋은 것이다. 그것은 일을 집중적으로 하게 도와주고 다시 그 일을 하고 싶게 자극한다.

다음과 같은 실험을 해 보라. 다소 일상적인 업무, 이를테면 편지나 이메일을 처리하는 등의 일을 10분 동안의 분출 속에서 해 보라. 10

분 짜리 분출을 세 차례 하면서, 각각의 분출 사이에 몇 분 동안의 간격을 두어라. 각각의 10분 기간이 끝나면 즉시 멈추는 것을 잊지 말라.

이렇게 10분짜리 작업을 세 차례 한 후에, 당신이 한 일의 결과를 나누지 않고 계속되는 30분 동안에 할 때의 결과와 비교하라. 그러면 당신은 훨씬 더 많은 작업을 했을 뿐 아니라, 그 모든 과정은 훨씬 더 쉽고 편안했으며 당신의 관심은 더 집중적이었다는 점을 알게 될 것이다.

기세가 커짐에 따라 분출은 길어져야 한다

5분이나 10분짜리 분출은 우리가 무언가를 시작하도록 만드는 데 아주 효과적일 수 있지만, 우리는 모든 삶을 일련의 몇 분짜리 분출들 속에서 살아간다면 견딜 수 없을 것이다. 그래서 우리는 무언가를 하는 경우 기세가 커지면 분출을 더 길게 만들어야 한다.

나는 당신이 매번의 분출 기간에 5분씩을 더하도록 제안한다. 그러면 당신은 처음에 5분짜리 분출을 하게 되고, 이어서 10분짜리 분출을 하게 되며, 다음에는 15분짜리, 그리고 다음에는 20분짜리 분출을 하게 될 것이다.

하지만 분출의 기간을 40분 이상 늘리는 것은 권하고 싶지 않다. 왜냐하면 그것은 당신이 집중력을 잃지 않고 열심히 일할 수 있는 한

계점에 가깝기 때문이다. 어쨌든 그렇지 않다 해도 당신이 그 이상의 분출 기간을 필요로 하는 경우는 거의 없을 것이다. 만일 그보다도 더 오래 일해야 할 때가 있다면, 그때는 기간을 늘리지 않고 40분짜리 분출을 몇 차례 하면 된다.

당신은 마침내 기세를 잃을 때까지 계속해서 이렇게 할 수 있다. 이것은 대개 분출들 사이의 간격이 일반적인 기간보다 더 길 때 발생한다. 한 가지 좋은 규칙은 기세를 잃었다고 느낄 때마다 분출의 기간을 (필요하다면 다시 5분까지) 줄이고, 그런 후에 다시 그 기간을 늘리기 시작하는 것이다.

범주들의 목록을 체계적으로 순환하면 모든 분야의 일을 처리할 수 있다

나는 지금까지 중간에 간격들이 있는, 점점 더 길어지는 분출에 대해 이야기했다. 그런데 이런 간격이 2분으로 제한되어야 할 이유는 전혀 없다. 간격은 그보다 훨씬 더 길 수 있다. 그러면 이와 같은 간격을 이용해 다른 작업을 같은 방식으로 할 수 있다.

그래서 당신은 이렇게 할 수도 있을 것이다. 프로젝트 A를 5분 동안 하고 나서, 프로젝트 B를 5분 동안 한다. 그런 후에 다시 프로젝트 A로 돌아가 10분 동안 더 일한 후에, 프로젝트 B를 10분 동안 더 한다. 그런 후에 둘 모두를 15분 동안 교대로 하고, 이어서 다시 20분 동안 한다.

이렇게 하면 당신은 모두 1시간 40분 동안 두 가지 작업을 집중적인 방식으로 하면서, 마감 효과를 최대한 이용하게 된다. 당신이 방금 달성한 것과 그 기간 동안에 일반적으로 달성했을 것 사이에는 엄청난 차이가 있다.

당신은 이렇게 물을지도 모른다. "내가 방해를 받으면 어떻게 되는가? 방해는 이런 방식을 무위로 돌리지 않는가?" 그 답은 "아니다!"이다. 당신은 방해를 다룬 후에 다시 분출 속으로 돌아가면 된다.

예를 들어 당신이 부엌 타이머를 사용하고 있다면, 방해가 시작될 때 타이머를 보고 나서 그것이 끝나면 다시 타이머를 원래의 상태로 돌리는 것은 어렵지 않다. 혹은 당신이 덜 과학적이고 싶다면, 그냥 분출 속에서 얼마나 왔는지 추측해도 된다.

두 가지 작업을 택해 내가 방금 소개한 방법을 사용해 보라. 그것들을 번갈아 하면서, 매번 그것들을 하는 데 사용하는 시간을 늘려라. 작업은 당신이 좋아하는 것이면 무엇이든 좋지만, 두 가지가 너무 비슷해서는 안 되고, 적어도 하나는 그동안 미루던 것이어야 한다. 예를 들어 당신은 이메일을 처리하는 것과 서류함을 정리하는 것을 번갈아하거나, 강연 프로젝트를 준비하는 작업과 사무실을 정돈하는 것을 번갈아 할 수 있다. 당신이 그것을 하기만 한다면 무엇을 선택하건 전혀 상관이 없다!

이제 당신은 위의 방법을 두 가지 작업에 적용해 보았는데, 여기서 멈출 필요는 없을 것이다. 당신은 다루는 작업의 수를 둘 이상으로 늘려도 좋다. 나는 때로 내 목록에 있는 10개, 혹은 그 이상의 작업까지도 해본 적이 있다. 이것이 놀랍도록 잘 먹혀드는 이유는 10분 동안의 분출 기간, 혹은 5분 동안의 분출 기간에도 많은 작업을 철저하게 다룰 수 있기 때문이다. 이렇게 하면 나중에는 목록에서 더 많은 시간이 필요한 작업들로 관심을 좁혀 집중하게 된다. 많은 경우에 20분짜리 분출에 도달하면 목록에서 남는 작업은 둘이나 셋에 불과하게 된다.

이것은 작업을 수행하는 아주 강력한 방식이다. 왜냐하면 늘 새로운 작업이 신선한 느낌을 주기 때문이다. 그리고 당신은 모든 현안을 다루게 되는데, 이것은 당신이 하지 않는 것들을 걱정하지 않도록 도와준다.

**개별 항목보다 점검표를 사용하면
맥락 속에서 작업을 할 수 있다**

나는 앞 장에서 '할 일들의 목록'을 좋아하지 않는다고 이야기했다. '할 일들의 목록'은 맥락이 없는 항목들의 목록이며, 그래서 자연히 숫자만 많아지는 경향이 있다. 반면에 점검표는 특정한 프로젝트나 과업을 수행하려면 무엇이 필요한지 보여주고, 그 곳에 더 많은 항목이 있을수록 과업은 더 잘 수행된다.

따라서 '할 일들의 목록'이 아니라 일련의 점검표를 갖고 작업을 하는 것은 일리가 있다. 먼저 매일 다루어야 하는 일상적인 항목들로 구성되는 목록을 작성하라. 이를테면 이메일, 편지, 전화 통화, 서류 정리, 정돈하기, 장부 기장, 기타 등등으로 이루어진 목록이다.

다음에는 당신이 참여하는 다양한 프로젝트를 이 목록에 추가시켜라. 이런 것이 무엇인지는 당신이 하는 일에 따라 다르겠지만, 자영업을 하는 사람이라면 고객 관리, 고객 발굴, 홍보, 신시장 개척 등이 여기에 포함될 것이다.

이것들을 모두 합하면 당신은 다음과 같은 목록을 갖게 될 것이다.

이메일

편지

전화 통화

서류 정리

장부 기장

고객 관리

고객 발굴

홍보

신시장 개척

우선, 이 목록에 들어가는 항목들의 수를 10개 이하로 유지하는 데 최소한의 목표를 정하라. 이제 당신은 내가 제안했던 방식으로 이 목록을 순회할 수 있다. 당신은 목록을 보면서 각각의 프로젝트를 하게 된다. 이렇게 하면 당신은 프로젝트에 집중된 관심을 쏟을 수 있다. 나는 다음 장에서 점검표를 작성하는 데 필요한 설명을 좀 더 할 생각이다.

휴식 기간에도 분출을 사용할 수 있다

짧은 시간의 작업 기간이 무한정 긴 시간의 작업 기간보다 더 집중적일 수 있듯이, 짧은 시간의 휴식 기간은 마감 시한이 없는 더 긴 기간보다 더 편안할 수 있다.

일을 하다가 5분 동안의 짧은 휴식을 취하고, 무엇이든 하고 싶은 것을 해 보라. 이를테면 커피를 끓이거나, 신문을 읽거나, 친구와 이야기하거나, 낮잠을 자거나, 신선한 공기를 쐬거나, 혹은 몇 가지 특이한 일을 할 수도 있다. 어쨌든 요점은 몇 분 동안 관심을 자유롭게 사용하는 데 있다.

이렇게 하면 당신의 관심은 휴식을 취하게 되고, 다시 작업으로 돌아올 때 더 쉽게 집중할 수 있다. 하지만 기억할 점은, 타이머가 끝나자마자 즉시 작업을 재개해야 한다는 것이다!

이런 원칙들을 결합시키면 자유롭게 흐르는 항목들을 다루는 강력한 시스템이 나온다

지금까지 설명한 것은 자유롭게 흐르는 항목들을 다루기 위한 내 방법에서 핵심이다. 하지만 잠시 내가 앞에서 했던 경고를 반복하고 싶다. 아직도 당신의 삶에 너무 많은 것을 넣으려 애쓰고 있다면, 당신은 결국 사소한 것들을 더 효과적으로 처리하는 데만 성공할 수 있다. 그러나 당신이 자신의 다짐을 재검토해서 모든 것에 충분한 관심을 쏟을 수 있도록 하는 연습을 시행했다면, 당신은 정말로 무언가 발전을 이룰 수 있다.

따라서 다시 한 번 설명하면, 일상적인 활동과 프로젝트로 이루어진 목록을 작성하라. 당신이 충분히 시스템을 완성할 때까지는 절대로 10개 이상의 항목을 목록에 넣지 말라. 각각의 프로젝트를 위한 점검표를 시작하라(당신은 이것을 첫 번째 5분 분출로써 수행할 수 있다). 그런 후에 목록의 주위를 순환하면서 간격들을 늘려라. 각각의 작업을 할 때 막 끝낸 분출의 기간을 지우고 다음번의 기간을 넣어라. 예를 들면 다음과 같이 하라.

이메일	5	10
편지	5	
전화 통화	5	
서류 정리	5	
정돈	5	
장부 기장	~~5~~	
고객 관리	5	
고객 발굴	5	
홍보	5	
신시장 개척	5	

하나의 항목을 완결짓거나 당신이 그 시간대에 원하는 만큼 일을 했다면, 다시 목록의 처음부터 시작하라. 그래서 가령 당신이 5분 혹은 더 적은 시간에 처리해야 할 전화 통화를 모두 처리했다면, 다음번의 간격은 10이 아닌 5가 된다. 예를 들면 다음과 같이 된다.

이메일	~~5~~	10
편지	~~5~~	10
전화 통화	~~5~~	5

등등

   한동안 목록을 처리하는 데 시간을 보냈다면, 다양한 항목들은 분출의 다양한 기간들을 갖게 될 것이다.

   이것이 실제로 어떻게 돌아가는지 보기로 하자.

첫 번째 단계

당신은 항목들의 목록을 작성해 각각의 항목에 5분씩을 할당한다.

이메일	5
편지	5
전화 통화	5
서류 정리	5
정돈	5
장부 기장	5
고객 관리	5
고객 발굴	5
홍보	5
신시장 개척	5

   당신은 이 목록을 처리하면서 각각의 항목에 5분씩을 소비한다. 당

신은 해당 항목을 처리하면 그것에 적힌 5라는 숫자를 지운다. 이 항목에 속하는 모든 것이 완결되었다면, 다음에도 5라는 숫자를 적는다. 아직도 해야 할 일이 있다면, 그때는 다음번의 분출을 10의 길이로 한다. 이를테면 이렇게 한다.

이메일	~~5~~	10
편지	~~5~~	5
전화 통화	~~5~~	5
서류 정리	~~5~~	10
정돈	~~5~~	5
장부 기장	~~5~~	10
고객 관리	~~5~~	10
고객 발굴	~~5~~	10
홍보	~~5~~	10
신시장 개척	~~5~~	10

위의 예에서 편지, 전화 통화, 그리고 정돈 항목에서는 할 일이 없거나 거의 없다. 그래서 당신은 그것들을 5분 만에 성공적으로 완수한다. 그 결과 당신은 다음번 분출에 사용할 시간으로 그것들에 5분씩만 할당한다. 그밖의 다른 것들은 완결되지 못했고, 그래서 당신은 다음번의 분출에 10분씩을 할당한다.

이제 다음번의 활동에서 어떤 일이 일어나게 되는지 보기로 하자.

이메일	~~5~~	~~10~~	5
편지	~~5~~	~~5~~	5
전화 통화	~~5~~	~~5~~	10
서류 정리	~~5~~	~~10~~	5
정돈	~~5~~	~~5~~	5
장부 기장	~~5~~	~~10~~	15
고객 관리	~~5~~	~~10~~	15
고객 발굴	~~5~~	~~10~~	15
홍보	~~5~~	~~10~~	15
신시장 개척	~~5~~	~~10~~	15

　이번에는 이메일을 완수했기 때문에 그것은 다음번에 다시 5분으로 돌아간다. 편지 항목에는 새로운 것이 없기 때문에 여전히 5분이 할당되어 있다. 하지만 몇몇 새로운 전화 메시지가 들어와 5분 안에 처리하지 못했다. 그래서 이 항목의 시간은 10분으로 늘어난다. 서류 정리는 완결되었으므로 다시 5분이 주어지고, 정돈은 5분도 걸리지 않았으므로 다음번에도 5분이 주어진다. 뒤의 다섯 항목은 모두 처리할 일이 남았기 때문에 15분으로 늘어난다.

시스템이 움직이게 만드는 몇 가지 요령

1. 시간이 다 되면 그 일은 반드시 끝내는 것으로 한다. 그렇지 않고 계속해서 하면 마감 효과는 사라지고 일은 제대로 되지 않는다. 물론 전화 통화나 지역의 상점에 가는 것처럼 방해받아서는 안 되는 일을 할 때는 끝까지 완결지어야 한다. 하지만 가능한 한 빨리 다음 항목으로 돌아오는 것을 잊어서는 안 된다.

2. 늘 다음 항목을 즉시 시작하라. 타이머가 이전의 항목에서 끝나자 마자 그것을 다음 항목에 맞추어라. 이렇게 하지 않으면 당신은 항목들 사이의 간격들 속에서 산만해지게 된다. 그리고 당신도 모르게 그런 간격들은 일하는 시간보다 더 길어진다.

3. 각각의 항목에 대해 제한된 목표를 세워라. 예를 들어 책을 쓰는 것이 하나의 항목이라면, 특정한 분량을 쓰거나 한 장을 수정하는 목표를 세워라. 일단 그 목표를 달성하면, 간격을 다시 5분으로 정하고 새로운 목표를 세워라. 그렇지 않으면 당신은 하나의 주제에 너무 많은 시간을 보내면서 다른 것들은 제대로 하지 못하게 된다.

4. 당신의 목록에 너무 많은 항목을 넣지 말라. 이 시스템을 죽이는 가장 빠른 길은 그것을 사용해 너무 많은 것을 하려는 시도이다. 나중에 1주일의 서로 다른 날에 당신의 일을 다양하게 만들 수 있는 방법들을 소개한다.

5. 당신이 목록에 올리는 항목들은 당신의 작업 전체를 포함해야 한

다. 당신의 목록에 즉시 올라가기 어려운 항목들은 배제시켜야 한다. 시스템에 적합하지 않은 것은 모두 무시해야 한다.

6. 정기적으로 쉬는 시간을 가져야 한다. 30분 정도 일한 후에 5분 동안 쉬면 작업은 덜 지루해진다. 쉬는 시간에는 무엇이든 좋아하는 것을 하라. 하지만 쉬는 시간이 끝나자마자 다시 작업을 시작해야 한다.

7. 무언가를 완결지은 후에는 절대로 쉬지 말라. 늘 먼저 다음 항목을 시작한 후에 쉬는 시간을 갖도록 하라. 우리는 이렇게 해야 하는 이유를 전에 본 적이 있다. 인간의 마음은 완성을 갈구한다. 무언가를 완결지은 후에 쉬는 시간을 가지면, 당신의 마음은 완결을 지었다고 등록하며, 그래서 다시 작업에 들어가는 것은 어려워진다. 하지만 무언가를 하다가 중간에 갑자기 멈추면, 당신의 마음은 다시 작업에 들어가 그것을 완결짓고 싶어한다.

1. 최대 10개의 항목들로 구성된 목록을 작성하라. 이렇게 하는 좋은 방법 하나는 당신이 지난 2주일 동안에 했던 모든 것과 지금 해야 하는 모든 것을 목록에 올리고, 그것들을 그룹으로 묶는 것이다. 하나의 그룹에 모든 항목들이 들어가도록 하라. 그룹들을

잘라서 적당한 숫자가 될 때까지 그것들을 섞어라. 이와 같은 그룹 구성은 너무 정확하게 하지 않아도 된다. 일을 해나가면서 그룹들의 목록은 언제든지 바꿀 수 있다.

2. 이제 목록에 있는 각 항목에 대해서 오늘 해야 할 목표를 정하라. 때로는 그것이 모든 현안을 완결짓는 것, 이를테면 오늘 들어온 모든 이메일을 처리하는 것일 수도 있다. 때로는 그것이 제한된 일, 이를테면 당신이 쓰는 책의 다섯 쪽을 완성하거나, 다음달에 발행할 소식지의 윤곽을 잡거나, 혹은 긴 잡지 기사를 읽는 것 등일 수도 있다.

3. 이제 이 목록을 내가 설명했던 방식으로 순환하라. 당신이 자영업자라면 일반적인 부엌 타이머를 사용해 간격들을 측정하는 것이 좋다. 그렇지 않고 다른 사람들과 함께 일한다면, 그때는 더 조용한 방식으로 시간을 측정해야 할 것이다. 기억하라. 마감 효과를 활용하려면 시간이 끝날 때 멈추는 것이 중요하다. 시간을 정확하게 지키지 않으면 집중력을 잃기 쉽다.

4. 다음날에는 처음에 시작했던 데부터 계속하면서, 가능한 곳마다 새로운 목표를 세울 수 있다. 혹은 그냥 처음부터 다시 시작할 수도 있다. 나는 대개 여전히 기세만 있다면 계속해서 하는 것을 더 좋아한다.

만일 오늘 저녁에 중단한 일을 내일 아침 제일 먼저 할 경우에는 그냥 계속해서 나아간다. 하지만 아침 내내 모임이 있어서 내 일의 흐름에 방해를 받는다면, 그때는 모든 분출의 시간을 다시 5분으로 정하고 처음부터 다시 하는 것이 더 낫다. 당신에게 가장 잘 맞는 방식을 찾아내 그것을 고수하라.

내가 종종 질문을 받는 한 가지 문제는 작업이 진행중인 그 모든 서류를 어떻게 하느냐이다. 그 순환 시스템은 모든 것을 동시에 처리하기 때문에, 이렇게 하려면 약간의 조직화가 필요하다.

가장 간단한 해결책은 큰 비닐 봉투를, 이를테면 375mm × 250mm 크기의 봉투를 사는 것이다. 가장자리에 구멍을 뚫으면 그것들을 서류철에 보관할 수 있다. 당신이 작업하는 각각의 항목에 하나의 봉투를 정하면 모든 서류를 쉽게 모을 수 있다. 그리고 서류를 봉투에 넣으면 언제든지 그 항목으로 돌아갈 때 쉽게 꺼내서 작업을 재개할 수 있다.

또 하나의 방법은 약간의 공간이 더 필요한 것으로서, 일종의 선반 같은 것을 만들어 항목별로 정리하는 것이다. 어떤 방법을 사용하건 중요한 것은 정기적으로 봉투나 선반을 정리해 서류들을 정돈하는 것이다. 그것들이 자꾸만 쌓이게 해서는 안 된다!

내가 방금 설명한 시스템이 앞에서 이야기한 성공적인 시스템의 기준에 어떻게 들어맞는지 보기로 하자.

충분하고, 지속적이고, 집중적인 관심

프로젝트와 일상적인 업무의 순환은 우리가 하는 모든 것이 충분한 관심을 받게 해 준다. 물론 우리가 충분한 시간을 줄 수 있는 프로젝트들만 처리한다는 전제에서 말이다. 이 시스템은 또 마감 효과를 활용해 집중적인 방식으로 일하게 해 준다.

저항과 미루기

우리는 기세를 얻으면 점점 더 길어지는 짧은 분출 속에서 일하기 때문에, 저항을 극복하는 것은 쉽다.

모든 작업을 다 처리하는 시스템

이런 방법은 우리가 모든 작업을 체계적으로 다루도록 도와 준다. 우리는 점검표를 사용해 모든 것을 제대로 다룰 수 있다.

방해와 긴급한 상황 극복하기

방해나 긴급한 상황이 발생할 때 우리는 단순하게 그것을 다루고, 그런 후에 다시 하던 작업으로 돌아간다. 이 시스템은 또 전에는 무언가를 시작하기에는 부족하기 때문에 낭비된 시간으로 여겨졌던 몇 분의 간격을 멋지게 활용할 수 있게 해준다.

이와 같이 우리가 이 장에서 다룬 원칙들을 바탕으로 간단한 시스템을 만들면, 우리는 원하는 것을 모두 달성할 수 있다. 하지만 중요한 것은 우리는 이 시스템을 우리의 취향과 작업 방식에 맞게 조정해야 한다는 점이다. 다음 장에서 우리는 당신에게 맞는 시스템을 만드는 데 도움이 되는 몇 가지 대안들을 보게 된다.

요약 · Summary

- 저항을 극복하기 위해 처음에는 짧은 분출 속에서 일을 하라.
- 두려움에 가장 좋은 해독제는 행동임을 기억하라.
- 마감 효과를 활용하기 위해 한정된 기간 동안 일을 하라.
- 당신의 마음은 완성을 갈망한다. 그래서 한정된 기간이 끝날 때 일을 멈추면 다시 시작하는 것은 더 쉬워진다.
- 짧은 시간 동안 쉬는 기간을 갖고 당신의 관심에게 자유를 주어라.
- 삶의 문제들을 해결하려면 한정된 기간 동안 그것들을 적어서 의식이 흐르게 하라.
- 저항을 극복하는 데 더 익숙해지면 시간대의 길이를 늘려라.
- 당신의 작업을 프로젝트들과 범주들로 나누고, 그것들 주위를 체계적으로 순환하라.
- 당신이 작업하는 각각의 프로젝트에 점검표를 사용하라.
- 작업 서류들을 비닐 봉투에 넣어 서류철에 보관하면 체계적으로 일할 수 있다.

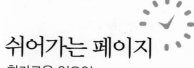

쉬어가는 페이지
한가로운 일요일 · · ·

순환 방식을 제대로만 사용하면 상당한 방해들이 있다 해도 하루에 엄청나게 많은 일을 할 수 있다. 나는 처음으로 시간 관리 세미나를 계획할 때 내가 하루 동안 한 일을 기록해 세미나의 홍보 수단으로 이용했다. 다음은 내가 당시에 고객들에게 보낸 이메일 내용이다.

제목 : 한가로운 일요일

발신 : 마크 포스터

나는 어제 내 '시간 관리' 시스템을 사용해 다음과 같은 것들을 달성했다.

· 내 '개인 정보 관리기'를 깔끔하게 정리했다.
· 내 오디오 테이프 모음을 정리했다.

- 30통의 수기 편지를 썼다.

- 내 연간 계획표를 고치고, 출력해 팩스로 비서에게 보냈다.

- '강연집' 요약본을 개정하고, 출력하는 데 45분을 사용했다.

- 불어 단어를 20개 배웠다.

- 불어, 스페인어, 신약 그리스어, 그리고 중국어 단어를 200개 검토했다.

- 설거지를 두 번이나 했다.

- 처리해야 할 모든 이메일을 깔끔하게 처리했다.

- 책상을 정리했다.

- 처리해야 할 모든 음성우편을 깔끔하게 처리했다.

- 처리해야 할 모든 서류를 깔끔하게 처리했다.

- 책장의 주요 분류 작업을 시작했다.

- TV에서 시사 프로를 시청했다.

아, 그리고 두 가지 제안을 했는데, 하나는 아침에 했고, 또 하나는 오후에 했다. 그리고 여덟 시간 동안 외출을 했다.

저항이나 미루기 없이 일을 함으로써 스트레스와 압박감 없이 완전히 일을 처리한 기분을 느끼고 싶다면, 내가 하는 '시간 관리 세미나'에 등록하기 바란다.

이상, 끝.

변형된 시스템

지난 장에서 소개한 시스템은 내가 설명한 원칙들을 사용해 우리가 원하는 결과를 얻을 수 있는 많은 방법들 중에서 하나에 불과하다. 그 시스템을 설명할 때 말했듯이, 당신은 세부사항들을 컴퓨터 프로그램의 초기값(default)으로 보아야 한다. 다시 말해 그것들은 당신의 작업 스타일에 맞게 조정할 수 있는 것이다.

이번 장에서 나는 당신이 그런 조정을 할 수 있는 몇 가지 방법을 보여주고, 그것들의 다양한 장점과 단점은 무엇인지 알려주려 한다. 나는 당신이 몇 가지를 시험해 보고, 당신에게 가장 잘 맞는 것을 찾도록 권유한다. 하지만 기억해야 할 점은, 이런 방법들은 훈련 효과를 갖기 때문에 저항을 극복하고 집중적인 방식으로 일하는 당신의 능력을 높여준다.

그 결과 당신은 원래의 시스템을 넘어서게 되고, 처음에는 너무 어려웠을 수도 있는 무언가로 나아갈 수 있다.

나는 개인적으로 이 장에서 소개하는 모든 변형들을 사용해 보았고, 내 능력이 높아짐에 따라 더 긴 분출을 선호했으며, 한 번에 더 적은 항목들을 다루는 데 더 편안함을 느낀다는 점을 알게 되었다.

당신도 같은 점을 발견하게 될 수도 있고, 전혀 다른 방식으로 일하는 것이 더 낫다는 점을 알게 될 수도 있다.

중요한 것은 당신이 계속해서 사용하는 시스템이 당신의 능력에 맞는 것이어야 한다는 점이다.

첫 번째 변형 –
하나의 항목을 끝낼 때 점차 분출 간격을 줄이는 실험을 하라

앞 장에서 소개한 시스템에서, 나는 당신이 일단 각각의 항목에 대해 원하는 만큼의 작업을 하면, 그것을 5분의 분출로 다시 시작하라고 이야기했다. 예를 들면 다음과 같다.

이메일   5   10   15   20   5

그래서 이 예에서 당신은 20분의 분출 동안에 이메일을 완결짓고,

다음번에는 새로운 5분의 분출로 그것을 다시 시작한다.

이것의 다른 대안은 분출을 5분으로 줄이는 대신에 분출의 기간을 5분 줄이는 것이다. 예를 들면 다음과 같다.

이메일   5̶   1̶0̶   1̶5̶   2̶0̶   15

그래서 당신은 분출이 끝나도 완결짓지 못할 때마다 다음에는 그것을 5분 늘리고, 분출 기간에 완결을 짓거나 할 일이 없을 때는 다음번의 분출을 5분 줄이게 된다.

이렇게 할 때 좋은 점은 당신이 다루는 각각의 항목은 스스로 적절한 길이의 분출을 찾는 경향이 있다는 것이다. 이메일을 처리하거나 책을 쓰는 등의 힘든 일은 결국 긴 분출을 갖게 되고, 책상을 정돈하는 등의 보다 쉬운 일은 계속해서 5분이나 10분의 분출을 갖게 된다.

그 결과 당신은 자연히 각각의 항목에 적당한 만큼의 시간을 쓰게 된다. 이것은 당신이 저항을 극복하는 충분한 능력을 길러서 5분의 분출로 새로운 일련의 행동을 시작하지 않아도 될 때 잘 작용한다.

이것의 다른 변형은 분출을 줄이는 대신에, 한 번은 그것을 같은 기간으로 유지하고 나서 다음에 그것을 줄이는 것이다. 따라서 위의 예는 다음과 같은 모양이 될 것이다.

이메일   5̶   1̶0̶   1̶5̶   2̶0̶   20

이번에도 작업이 20분의 분출 기간에 완결된다면, 다음번의 분출은 15분으로 줄어들 것이다.

이 변형은 분출의 기간을 안정시켜서 당신이 각각의 항목에 사용하는 시간의 양을 보다 정확하게 반영하는 효과를 갖는다. 필요한 시간이 날마다 달라지겠지만, 이 방법은 너무 빠른 조정을 막아준다. 이렇게 하루 정도 작업을 하고 나면, 당신은 아주 탄력적인 도구를 갖게 될 것이다.

> **두 번째 변형 –**
> **분출의 기간을 당신에게 맞게 다양화시키는 실험을 하라**

당신은 얼마나 긴 분출이 당신에게 가장 잘 맞는가 하는 실험도 할 수 있다.

나는 5분, 10분, 15분, 혹은 20분 등의 분출을 권유한다. 내가 볼 때는 이렇게 하는 것이 스스로 움직이는 데 심각한 문제를 갖고 있는 사람들에게 기세를 얻는 가장 좋은 방법이다. 그러나 이들이 대개 발견하는 것은 이런 식으로 일을 하면 저항을 다루는 능력이 크게 높아져 이것들이 다소 느려지는 경향을 보인다는 점이다. 따라서 이런 일이 일어날 때는 그것들을 늘리는 다른 방식을 실험하는 것이 좋다.

이를테면 매번 분출의 기간을 5분, 10분, 20분, 혹은 40분 등으로 배가시키는 것이다. 이것도 여전히 느리게 느껴진다면, 그때는 5분짜리 분출을 완전히 배제하고 그것을 10분, 20분, 혹은 40분 등으로 만들어 보라.

사람들의 취향은 저마다 다르며, 이것은 시간이 지나면서 달라질 수도 있다. 따라서 당신에게 가장 잘 맞는 것을 실험하는 데 주저하지 말라.

세 번째 변형 –
몇 가지 항목만으로 작업하는 것을 실험하라

어떤 사람들은 한 번에 몇 가지 항목만을 목록에 넣고 일할 때 더 편안함을 느낀다. 이렇게 하는 한 가지 방식은 처음에 두 항목으로 시작하고 매번 하나씩을 추가하는 것이다.

이 점을 보여주기 위해 당신은 '이메일'과 '편지'로서 다음과 같이 시작할 수도 있다.

이메일	5
편지	5

두 가지 항목 모두를 5분짜리 분출로 작업한 후에, 당신은 다음과

같이 또 다른 항목을 추가할 수 있다.

이메일	~~5~~	10
편지	~~5~~	10
전화 통화	5	

한동안 이런 식으로 일을 하면 당신의 목록은 이런 모양을 하게 될 것이다.

이메일	5	~~10~~	~~15~~	~~20~~	25
~~편지~~	~~5~~	~~10~~			
~~전화 통화~~		~~5~~	~~10~~		
서류 정리			~~5~~	~~10~~	15
~~정돈~~				~~5~~	
장부 기장					5
고객 관리					
고객 발굴					
홍보					
신시장 개척					
편지					
전화 통화					

정돈

이 예에서 매번 항목이 완결될 때마다 그것은 목록의 끝에 다시 들어가고, 이런 식으로 계속되는 순환이 일어난다.

이와 같은 방법의 장점은 당신은 한 번에 몇 개의 항목만을 다루게 되고, 일단 시작한 항목은 상당히 빠르게 끝낼 수 있다. 단점은 동시에 모든 일을 처리하는 느낌이 없어진다. 그래서 이것은 당신의 삶에 나름대로 질서를 넣는 데 이미 성공한 경우에 가장 좋은 또 하나의 방법이다.

네 번째 변형 –
표준적인 분출 기간을 사용하는 실험을 하라

이런 방법들을 사용하는 데 어느 정도 경험이 생기면, 당신은 기세를 만들기 위해 굳이 분출의 기간을 늘릴 필요가 없게 될 것이다. 대신에 당신은 모든 것에 표준적인 분출 기간을 사용할 수 있다. 나는 개인적으로 이 방법을 사용할 때는 20분짜리 분출이 나에게 맞다고 생각한다. 하지만 당신은 실험을 하면서 당신에게 맞는 기간을 찾아내야 한다. 그리고 이런 기간은 당연히 시간이 지나면 달라질 수 있다.

다섯 번째 변형 -
전체적인 시간을 나누는 실험을 하라

　내가 때로 아주 효과적으로 사용하는, 그리고 당신도 실험해 보면 좋은 한 가지 방법은 당신의 항목들을 한 차례 완결할 때 고정된 시간을 사용하는 것이다.

　당신은 이 시간을 아직도 완결되지 않은 항목들의 수로 나눈다. 예를 들어 당신이 목록에 20개의 항목을 갖고 있다면, 각각의 항목에 5분씩을 할당해 모두 100분을 사용한다. 그런 후에 이 중에서 5개의 항목을 완결하면, 남은 항목은 15개가 되고 각각에 (100분을 15로 나눠 반올림한) 7분씩을 할당한다. 이런 식으로 나중에 항목이 3개까지 줄어들면, 이제는 그것들에 각각 33분씩을 할당한다.

　나는 해야 할 항목들의 수가 아주 많을 때 이 방법을 아주 효과적으로 사용한다. 사실 이것은 정말로 많은 양의 일을 처리할 때 가장 좋은 방법일 수 있다. 하지만 이 방법을 사용할 때는 각각의 항목에 설정한 목표를 달성할 때까지 계속해서 해야 한다. 이 방법의 효과는 작은 항목들을 상당히 빠르게 처리하면서 더 큰 항목들에 점점 더 관심을 고정시킬 수 있다는 것이다.

　이 방법의 장점은 각각의 단계에 늘 최대한의 시간을 사용하는 것이다. 목록을 순환할 때 한 가지 문제는 할 일이 많으면 각각의 항목으로 돌아가는 데 오랜 시간이 걸린다는 점이다. 그런데 각각의 단계에 최대한의 시간을 사용하면 이런 문제를 해결하는 데 도움이 된다.

물론 이것이 지속적인 문제라면, 그때는 당신이 너무 많은 것을 하려고 애쓰기 때문일 수 있다. 이것을 해결하려면 앞 장들에서 이야기했던 대로 당신의 다짐들을 정리해야 한다. 이 문제는 또 작업의 구조화에 관한 장(곧 소개할 10장)을 읽어도 해결에 도움이 된다. 그 장에서 우리는 어떻게 작업을 배열해서 한 번에 너무 많은 항목을 다루지 않는지 보게 된다.

테렌스의 경우

테렌스는 12월의 어느 날 내가 하는 세미나에 참석했는데 나중에 다음과 같이 적었다.

나는 이번에 마크의 시간 관리 시스템을 1주일(5일) 동안 해 보았다. 나는 마크가 권유한 대로 내가 좋아하는 작업 방식에 그것을 맞추었다. 그리고 나는 지금까지 (어쨌든 했을 그 모든 것 외에도!) 다음과 같은 것들을 달성했다.

1. 책상 서랍을 정리하고, 중요한 서류들을 정돈했다(평생 처음으로!).
2. 세금 납부를 진척시켰다(다음 주 금요일에 완결할 예).
3. 다락방을 청소했다.
4. 단편소설과 시트콤을 몇 쪽 썼다(거의 1년 만에 처음으로 썼다!).
5. 그 모든 성탄절 쇼핑을 했다(전에는 23일 전에 한 적이 없다).

6. 그동안 미루었던 이메일을 써 보냈다(그리고 새로 받은 이메일을 나중에 보겠다고 보관해 둔 것이 아니라 다시 읽기 시작했다).

7. 내가 참석하는 상품 강좌에서 시험에 합격했고, 다음 코스를 등록했다.

8. 시간표에 따라 일하면서 잡지사와 인터뷰를 하고, 새 고객들과 면담을 했다.

9. 성탄절 카드를 보내기 시작했다(아내는 거의 기절할 뻔했다).

10. 아이들과 많은 시간을 보냈으며, 아들의 성탄절 연주회에 참석했다.

11. 주중의 모든 축구 경기를 TV로 보았다(그리고 모든 다림질도 했다!).

12. 아내와 함께 극장에 간 후, 외식을 했다.

나는 지치거나 피곤하지 않으며, 약간의 충격을 받고 있다.

그렇다면 내가 사용하는 방법은 무엇인가?

　내가 사용하는 방법은 특정한 시점에 내 기분이 어떤지, 그리고 내가 어떻게 저항을 극복하는지에 따라 다르다. 우리의 기분은 늘 같지 않으며, 우리는 기분에 맞게 방법을 고를 필요가 있다.

나는 기분이 너무 좋을 때 위의 어떤 방법도 사용하지 않고, 이 책의 '기법들을 넘어서' 부분에 따라 살곤 한다. 이것은 어떤 사람들에게는 자연스러운 삶의 방식이지만, 적어도 나에게는 그렇지가 않다. 그래서 나는 최상의 컨디션이 아닐 때 내가 지금까지 소개한 일부 기법들을 사용해 스스로 구조를 갖출 필요가 있다.

내가 가장 자주 사용하는 (그리고 이 문장을 쓰는 현재 사용하고 있는) 방법은 위에서 소개한 '첫 번째 변형'의 말미에서 설명한 방법이다.

하지만 나는 약간 더 자신감을 느낄 때 20분의 표준적인 간격을 사용하는 것이 아주 효과적이며, 한 번에 다섯 가지 항목들을 다루면서 하나를 끝낼 때마다 새로운 항목으로 대체한다.

요약 · Summary

- 자신에게 맞는 방법을 찾을 때까지 다양한 방법들을 실험하라.
- 이런 방법들을 더 많이 사용할수록 저항을 다루는 데 더 쉬워진다는 사실을 기억하라.
- 기분과 상황에 맞는 다양한 방법들이 있을 수 있다.
- 이런 방법들이 먹혀들지 않는다면, 그것은 당신이 너무 많은 것을 하려 애쓰기 때문일 수도 있다. 해결책은 당신의 다짐들을 정리하는 것이다!

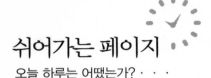

쉬어가는 페이지
오늘 하루는 어땠는가? · · ·

    다음에 설명하는 것은 내가 시간 관리 세미나에서 발표했던 이메일의 또 다른 예이다.

    아주 이례적으로 어제는 메모장에 어떤 시간 약속도 없이 깨끗한 하루를 보냈다. 그래서 나는 시간 관리 기법들을 사용해 하루 동안 얼마나 많은 일을 할 수 있는지 보기로 했다.

    그 결과 나는 하루 동안 다음과 같은 것들을 했다.

• 오전 8~9시

우송할 홍보물을 봉투에 넣었다.

내 이메일 수신자들에게 세미나 홍보에 관한 글을 써서 보냈다.

내가 관리하는 네트워크 마케팅 조직에 보낼 소식지를 작성했다.

침대를 정돈했다.

사무실을 정리했다.

음성우편을 확인했다.

- 오전 9~10시

울타리를 다듬었다.

다음 주 화요일에 있을 제안을 준비했다.

어깨 관절의 해부학을 공부했다.

인터넷에서 불어로 뉴스 요약을 읽었다.

외국어 단어를 50개가량 검토했다.

아침 설거지를 했다.

- 오전 10~11시

이메일을 확인했다.

행동을 위한 서류들을 분류했다.

전단에서 빠진 숫자들에 대해 비서에게 전화했다.

이메일 목록에서 수신하지 않는 명단을 삭제했다.

내 책의 출판을 위한 정보를 준비했다.

출판사에 이메일을 보냈다.

- 오전 11~12시

비서가 빠진 숫자들을 팩스로 보내왔다. 그래도 여전히 빠진 숫자

들이 있었다!

비서에게 다시 전화를 했다.

우편으로 보낼 홍보물의 준비 작업을 완료했다.

마침내 빠진 숫자들이 도착했다!

세미나와 관련해 '킹스턴(Kingston) 상공회의소'에 전화를 했다.

이전 세미나들에 참석한 사람들의 이메일 주소를 등록했다.

- **오후 12~1시**

아내에게서 전화가 왔다(RAC 회원에 관한 것이었는데, 아버지는 아직도

회원이신가?).

네트워크 마케팅 소식지에 쓸 텍스트를 완성했다.

점심을 먹었다.

- **오후 1~2시**

계속해서 점심을 먹었다!

사무실을 정돈했다.

음성우편을 확인했다.

상박(팔꿈치에서 어깨에 이르는 부분)의 해부학을 공부했다.

불어 소식지에 나오는 새 단어들을 등록했다.

- **오후 2~3시**

출판사에 보낼 경력을 작성했다.

책의 판매 소구점을 작성했다.

주디 C에게서 전화가 왔다.

개인적인 서류들을 분류했다.

상담 서류들을 분류했다.

외국어 단어 104개를 검토했다.

- 오후 3~4시

점심 설거지를 했다.

이메일을 확인했다(세미나와 관련해 벌써 답장이 셋이나 왔다).

홍보용 전단지를 확인했다(수정한 내용을 비서에게 팩스로 보냈다).

복사 대금을 지불했다.

디스켓을 분류했다.

새 편지지를 승인했다.

'킹스턴 상공회의소'에서 전화가 왔다(날짜를 조정했다).

- 오후 4~5시

차 마시는 시간!

- 오후 5~6시

계속해서 차 마시는 시간!

출판사에 보낼 개인 이력

- **오후 6~7시**

세미나 참석자들에게 사례 연구와 관련해 이메일을 보냈다.

- **오후 7~8시**

저녁 설거지를 했다.

네트워크 마케팅 소식지를 편집했다.

사무실을 정돈했다.

60개의 새 불어 단어를 배웠다.

- **오후 8~9시**

책 소개와 홍보 내용을 완성했다.

신용카드 명세서를 확인하고, 대금을 지불했다.

네트워크 마케팅 홍보물을 검토했다.

책의 판매 소구점을 완성했다.

외국어 단어 133개를 검토했다.

TV를 보았다.

- **오후 9시 이후**

이메일을 확인하고 답장을 보냈다.

우편으로 보낼 세미나 전단의 내용을 준비했다.

TV를 보았다.

오늘 한 일들을 이렇게 작성했다.

그것을 보냈다.

잠자리에 들었다!

당신의 하루가 이렇게 진행되지 않는다면, 당신은 내 시간 관리 세미나에 참석할 필요가 있다. 이메일을 보내면 자세한 사항을 알려주겠다.

이상, 끝.

9장

프로젝트 다루기

　좋은 시간 관리의 열쇠는 가장 효과적인 방식으로 관심을 집중하는 능력이라고 몇 차례 이야기했다. 우리의 관심이 잘못된 방향으로 간다면, 세상의 그 모든 시간 관리 기법도 우리의 삶을 개선시키지 못한다. 그것들은 다만 일부 혼란을 제거해줄 뿐이다. 하지만 진정한 변화를 위해서는 우리가 달성하려는 것에 우리의 관심을 효과적으로 집중시킬 수 있어야 한다.

　이 책은 프로젝트 관리나 창의성에 관한 책이 아니다. 하지만 그것들이 없으면 시간 관리 기법은 무의미하기 때문에, 나는 그것들에 어려움을 겪는 사람들을 위해 몇 가지 조언을 하려 한다. 당신은 프로젝트나 문제를 더 깊이 생각할수록 그것을 더 효과적으로 다룰 수 있다.

　내가 소개하려는 기법들은 공통점을 갖고 있다. 그것들은 하나의 특정한 주제를 세세하게 봄으로써 그 전체에 초점을 맞추는 기법들이다. 첫 번째 기법은 모든 것을 '반으로 나누어 생각하는' 기법이다.

**반으로 나누기는 프로젝트를
분류하는 데 아주 좋은 기법이다**

나는 이미 특정한 프로젝트에 점검표를 작성하는 것의 이점과 그것은 자세할수록 더 좋다는 점을 이야기했다.

이것은 다소 다른 접근법이다. 이것은 한 번에 하나의 단계만을 하는 점검표이다. 내가 이것을 '반으로 나누기'라고 부르는 이유는 당신이 해야 할 모든 것을 자꾸만 반으로 나누어 결국에는 하나만이 남도록 하는 것이기 때문이다. 그리고 당신은 바로 그 하나만을 하게 된다.

이것을 분명하게 보기 위해 예를 하나 들어보자. 가령 당신은 자신의 네트워크 마케팅 사업을 하겠다고 결정했다. 그래서 당신은 건강식품을 전문으로 취급하는 어떤 회사에 가입했다. 당신은 이 사업을 가능한 한 빨리 시작해야 하며, 그래서 그와 관련된 당신의 접근법을 철저하게 검토하고 싶어한다. 이 단계에서 당신이 해야 할 일은 엄청나게 많은 것 같으며, 프로젝트 전체는 당신에게 위압감을 주는 측면이 있다. 그래서 당신은 '반으로 나누기' 기법을 사용해 당신이 지금 취해야 할 행동을 체계적으로 시행하려 한다.

첫 번째 단계는 해야 할 일의 절반가량을 묘사하는 범주 하나를 찾는 것이다. 그것이 정확하게 절반일 필요는 없으며, 요점은 그 모든 일을 대충 둘의 덩어리로 나누는 무언가를 찾는 것이다. 지금의 예에서 당신은 해야 할 일의 절반가량이 그 사업을 익히는 것이라고 결정한다. 그래서 당신은 첫 번째 제목을 '사업 익히기'라고 정한다.

이제는 똑같은 과정을 '사업 익히기'에 적용시킨다. 이 제목으로 해야 할 일의 절반가량을 나타내는 무언가를 찾는다. 당신은 제품을 아는 것이 그런 범주에 속한다고 결정한다. 그래서 당신의 두 번째 제목은 '제품 익히기'가 된다. 이것의 절반가량은 제품 설명서와 제품의 사양을 읽는 것으로 구성된다. 그래서 당신의 세 번째 제목은 '제품 설명서 읽기'가 된다. 당신은 원한다면 이것을 더 세분할 수도 있지만, 그냥 이 상태로 만족하고 설명서를 읽기 시작한다.

이런 식으로 당신이 어떤 제목을 정할 때마다 그것은 이전 제목의 절반가량을 구성한다. 이것을 다음과 같은 목록으로 작성하면 더 쉽게 이해할 수 있다.

네트워크 마케팅
사업 익히기
제품 익히기
제품 설명서 읽기

이것은 '지금' 취해야 할 행동의 점검표임을 기억하라. 당신은 1주일이나 한 달이 지나면 전혀 다른 목록을 갖게 될 것이다.

제품 설명서를 읽은 후에는 그 항목을 지운다.

네트워크 마케팅
사업 익히기
제품 익히기
~~제품 설명서 읽기~~

'살아 있는' 제목은 늘 목록에서 지워지지 않은 마지막 항목이다. 그래서 우리는 다시 '제품 익히기'로 돌아간다. 이 제목으로 또 무엇을 해야 하는지 생각하라. 당신은 몇 가지 제품을 실제로 사용해 볼 필요가 있다고 결정한다. 그래서 목록의 맨 밑에 '제품 주문하기'를 넣는다.

네트워크 마케팅
사업 익히기
제품 익히기
~~제품 설명서 읽기~~
제품 주문하기

원한다면 이것을 더 자세하게 나눌 수도 있지만, 당신은 그냥 주문을 한다. 이렇게 한 후에 그 항목을 지운다.

네트워크 마케팅

사업 익히기

제품 익히기

제품 설명서 읽기

제품 주문하기

당신은 현재로서는 '제품 익히기' 제목으로 더 이상 할 것이 없다고 결정한다. 그래서 당신은 이 제목을 지우게 되고, 이제 '살아 있는' 제목은 '사업 익히기'가 된다.

네트워크 마케팅

사업 익히기

제품 익히기

제품 설명서 읽기

제품 주문하기

당신은 '사업 익히기' 제목으로 해야 할 다음번의 일은 (당신이 수수료를 받는) 보상 체계를 분석하는 것이라고 느낀다.

네트워크 마케팅

사업 익히기

제품 익히기

제품 설명서 읽기

제품 주문하기

보상 체계

우리는 예를 여기까지만 본다. 이제는 내가 무엇을 말하려는지 알았을 것이다. 이 시스템은 당신이 행동들을 아주 잘게 나누어 그것들을 당신이 원하는 (혹은 필요로 하는) 수준까지 작아지도록 만든다. 대개는 당신이 최소한의 저항만을 느끼는 수준까지 그것들을 나누는 것이 제일 좋다. 이 시스템은 당신이 프로젝트의 모든 측면을 한 번에 하나씩 수행하도록 만든다.

이 시스템은 온갖 다른 방식으로 사용될 수 있다. 내가 소개한 예는 '바로 지금' 해야 할 행동들의 목록을 작성하는 것이었다. 하지만 당신은 '미래의' 행동들을 정하는 데도 이것을 사용할 수 있다.

이를테면 어느 단계에서건 해야 할 그 모든 행동을 포함하도록 처음부터 프로젝트를 계획하는 것 등이다. 이 경우에 당신은 위와 같이 각각의 행동을 일일이 해나가는 것보다 종이에 계층적인 구조를 이용하는 것이 좋다. 그렇게 하려면 당신은 들여쓰기 방식을 사용해야 한다(이것은 나중에 계획을 짤 때 제목들이 될 수 있다). 다음에 드는 것은 방금 소개한 예를 들여쓰기 방식으로 작성한 것이다.

네트워크 마케팅
　　사업 익히기
　　　　제품 익히기
　　　　　　제품 설명서 읽기
　　　　　　　제품 주문하기
　　　　보상 체계

이 방식은 계획을 짤 때뿐 아니라 보고서나 책의 개요, 혹은 그밖의 계층적인 구조를 갖는 모든 것에 적용시킬 수 있다.

**반으로 나누기는 물리적인 것들을
분류할 때도 사용할 수 있다**

단지 아이디어나 행동들만 '반으로 나누기'를 사용할 수 있는 것은 아니다. 그것은 또 물리적인 것들을 정리할 때도 아주 효과적으로 사용할 수 있다. 이것을 사용해 당신은 파일 시스템을 분류하거나, 책장에 있는 책들을 정리하거나, 혹은 공구실, 지하실, 다락방 등의 내용물을 분류할 수도 있다.

나는 최근에 이 방법을 사용해 내 파일 시스템을 완전히 조직화했다. 첫 번째 단계는 내 모든 파일(서류철)의 내용물을 비워 바닥에 쌓아놓은 것이었다. 그런 후에 나는 곧바로 서류들을 분류해 2개의 파일로 나누었다. 나는 왼쪽에 있는 파일을 '업무'라고 불렀다. 오른쪽에 있는 파일에는 이름을 붙이지 않았지만, 그것에는 '업무'라는 제목에 속하지 않는 모든 것들이 들어갔다. 그래서 그 파일은 말하자면 '그 밖의 모든 것'이라고 부를 수 있는 것이었다. 나는 이 일을 끝낸 후에 대략 크기가 같은 2개의 파일을 갖게 되었다.

다음에 나는 '업무' 파일을 분류해 2개의 파일로 나누었다. 하나는 교회와 관련된 서류들로 구성되었고, 다른 하나는 역시 '그 밖의 모든 것'으로 구성되었다. 중요한 것은 새로운 '그 밖의 모든 것' 파일을 이전의 '그 밖의 모든 것' 파일과 구분하는 것이었다.

그래서 나는 그것들이 약간씩 떨어져 있게 만들었다. 이전의 파일 위에 또 다른 파일을 놓을 만큼 충분한 양의 서류가 모이면, 나는 밝은 색의 종이를 사용해 그것들을 서로 구분했다.

나는 이런 과정을 계속하면서 매번 점점 더 작은 파일을 만들었고, 결국에는 단 하나의 서류만 들어 있는 파일을 갖게 되었다. 그런 후에 나는 이 서류를 보관할 것인지 버릴 것인지 결정했다. 나는 그것을 보관하기로 결정했고, 그래서 새로운 서류함에 그것을 넣었다.

다음에 나는 계속해서 파일들을 점검하며 서류함에 서류를 추가하거나 버리곤 했다. 나는 그렇게 하는 것이 적절하다고 느낄 때마다 새로운 서류함을 만들었다.

이런 식으로 서류를 분류하면 우연히도 서류를 분류하면서 자동적으로 파일의 구조를 갖추게 된다. 이런 과정을 통해서 모든 서류들은 자연히 비슷한 것끼리 모이게 되며, 그러면 어느 것이 불필요하고, 어느 것이 중복되었고, 어느 것이 낡은 것인지 쉽게 알 수 있다.

만일 우리가 앞서 소개한 네트워크 마케팅 사업의 예와 관련해 서류들을 분류한다면, 우리는 다음과 같은 파일들을 갖게 될 것이다.

네트워크 마케팅 / 익히기 / 제품 / 설명서

네트워크 마케팅 / 익히기 / 제품 / 주문

네트워크 마케팅 / 익히기 / 보상 체계

이런 식으로 파일에 이름을 붙이면 당신의 모든 서류는 논리적인 순서대로 정돈이 되며, 그러면 당신이 찾는 서류를 찾아내는 것은 쉬워진다.

내가 한 다음 프로젝트는 책장에 있는 책들을 분류하는 것이었다. 이번에도 나는 커다란 파일을 만들어 '논픽션'과 '그 밖의 모든 것'으로 나누기 시작했다. 나는 그것들을 계속해서 세분했고, 매번 하나의 책으로 나누어질 때마다 그것을 선반에 꽂았다. 이어서 다음 책이 그 옆에 꽂혔고, 그런 식으로 계속되었다.

'반으로 나누기'가 제공하는 논리적인 순서대로 책들을 분류함으로써, 나는 이제 그것이 전체적인 구조 속에서 어디에 속하는지만 생각하면 어떤 책이든 금방 찾을 수 있게 되었다.

'반으로 나누기'는 다양하게 사용할 수 있는 도구이다. 당신은 이보다도 더 많은 용도를 생각해낼 수 있을 것이다.

앤드류의 경우

앤드류는 우리들 대부분이 잘 아는 문제를 가지고 나에게 왔다. 그는 자신이 충분히 할 수 있는 세무 신고의 대가로 왜 회계사에게 비용을 지불해야 하는지 알 수가 없었다. 그는 매년 같은 문제로 고민했다. 그는 그 일이 너무 하기 싫어서 거의 언제나 늦게서야 세무 신고를 하곤 했다. 신고 미비의 벌칙이 도입되면서 이것은 심각한 문제가 되었다.

내가 그에게 '반으로 나누기' 기법을 소개한 후에, 앤드류는 이것이 세무 신고를 해결하는 데 이상적인 방법임을 알게 되었다. 그 해 앤드류는 처음으로 최소한의 저항으로 제때에 세무 신고를 하는 데 성공했다. "나는 반으로 나누기 기법을 사용해 늘 나를 괴롭혔던 세무 신고를 아주 효과적으로 해결할 수 있었다."

> **사업의 미래를 위해 일하는 것은**
> **사업의 현재를 위해 일하는 것만큼 중요하다**

한 가지 중요한 구분은 사업의 '미래'를 위해 일하는 것과 사업의

'현재'를 위해 일하는 것이다. 당신이 누군가를 위해 일하건 자신을 위해 일하건, 혹은 그것이 보수를 받는 일이건 무보수의 일이건, 그 점은 중요하지 않다. 그래도 이와 같은 구분은 여전히 유효하다.

사업의 '현재'를 위해 일하는 것은 그런 사업을 하고 있기 때문에 발생하는 일상의 수많은 사안들을 다루는 것이다. 이를테면 고객을 다루고, 제품을 만들고, 장부를 기장하고, 회계를 하고, 직원들을 관리하는 것 등이다. 다시 말해 사업에 관한 모든 일을 하는 것이다.

반면에 사업의 '미래'를 위해 일하는 것은 앞으로 어떻게 할 것인지 '생각하는' 것이다. 그것은 사업의 장래를 생각하고, 당신의 비전을 다듬고, 목표들을 정하고, 새로운 시도를 계획하고, 프로젝트를 구상하는 것이다.

우리가 종종 겪는 문제는 '현재' 하는 사업의 세부사항에 너무 몰두해 사업의 '미래'에 대해서는 거의 시간을 쓰지 않는 것이다. 하지만 두 가지 모두 성공에는 필수적이다. 우리가 처리해야 할 어떤 것도 처리하지 않는다면, 사업의 미래에 대해 생각하는 것은 무의미하다. 하지만 사업의 미래에 대해 생각하지 않는다면, 지금 우리가 하는 것도 별 의미가 없다. 이와 같은 전략적 비전의 부족은 사업의 장래를 망치는 주요 요인이다. 이런 이유로 사람들은 원하지 않는 자리에 매여 있고, 사업들은 시대에 뒤떨어지고, 정체가 일어나는 것이다.

따라서 중요한 것은 우리는 살면서 생각할 시간을 가져야만 한다는 것이다. 그러나 우리 인간들은 진정한 생각을 별로 하지 않는다. 그렇게 하려면 상당한 양의 집중적이고 방해받지 않는 시간이 필요하기 때문이다. 우리는 좀처럼 앉아서 생각할 시간을 내지 못한다. 우리는 정기적으로 생각을 해야만 한다. 그리고 좋은 생각은 진공 속에서 일어나지 않는다. 그것은 살아서 움직이는 현실 세계와의 접촉을 요구한다. 따라서 그 과정은 생각하고 → 행동하고 → 생각하고 → 행동하는 순서를 밟아야 한다. 그래야만 우리는 발전할 수가 있다.

나는 이 책에서 여러 차례 좋은 인생 관리는 목록을 다루거나 더 효과적으로 일하는 것과 관련이 없다고 강조했다. 그것은 가장 효과적인 방식으로 우리의 관심을 집중시키는 것과 관련이 있다. 그리고 생각하는 데 사용하는 시간은 우리의 관심을 집중시키는 가장 중요한 과정의 일부이다.

앞에서도 이야기했듯이, 이 책은 창의성에 관한 책이 아니다. 당신이 도전과 문제들에 관해 생각하는 기법을 알고자 한다면, 당신에게 도움이 되는 책들은 많이 있다. 하지만 내가 볼 때 중요한 것은 당신이 이런저런 기법을 사용하는 것이 아니다. 그것은 당신이 그런 것들을 정기적으로 하는지, 혹은 그런 것을 필요로 하는지의 여부이다.

여기에 간단한 기법이 하나 있다. 사실 이보다 더 간단한 것은 거의 없을 것이다. 당신은 이것을 정기적인 생각 연습으로 사용할 수 있다.

일정한 시간을 정한 후에 필기 도구를 준비해 자리에 앉는다. 그리고 모든 잡념에서 해방된다. 마음을 가라앉히고 조용히 앉아 긴장을 푼다. 그리고는 무엇이든 머리에 떠오르는 생각이나 깨달음을 종이에 적는다. 한동안 아무 생각이 나지 않아도 걱정할 필요는 없다.

이런 시간이 끝나면 그동안 적었던 것을 잠시 평가한다. 행동이 필요한 것이 무엇인지 확인한다.

이 연습에 사용하는 시간의 양과 연습의 빈도는 다양할 수 있다. 1주일에 1시간 정도만 해도 엄청난 효과를 거둘 수 있다. 하루에 한번 15분씩 하면 새로운 생각과 아이디어를 얻을 수 있다. 생각하는 시간은 전혀 없는 것보다 조금이라도 있는 것이 더 낫다.

얼마나 긴 시간을 사용하건 중요한 것은 스스로 정한 시간 모두를 사용하는 것이다. 왜냐하면 일부 가장 좋은 아이디어는 종종 마지막 순간에 떠오르기 때문이다. 이것도 마감 효과가 나타나는 또 다른 예이다. 나는 종종 처음에 좋은 생각이나 아이디어가 떠오르지 않으면, 다시 시간을 갖고 연습을 할 때 처음보다 좋은 결과를 얻곤 한다.

프로젝트의 미래를 위해 일하는 또 하나의 방법은 '반으로 나누기' 기법을 사용해 프로젝트의 모든 측면을 체계적으로 다루는 것이다. 이렇게 하면 당신은 다루어야 할 모든 것에 충분한 관심을 쏟을 수 있다.

당신은 이와 같은 방식의 생각 활동을 어떻게 당신의 시간표에 맞출 수 있는지 궁금하게 여길 수도 있다. 그것은 한정된 양의 시간이 필요하기 때문에 '깊이 활동'으로 다루는 것이 가장 좋다.

따라서 이것을 다루는 가장 좋은 방법은 그 시간을 당신의 다이어리에 자신과의 시간 약속으로 정해 놓는 것이다. 당신이 그것을 하기에 가장 좋은 시간은 언제인지 확인하라. 이를테면 아침에 일어나자마자 그것을 하는 것이다.

요약 · Summary

- '반으로 나누기' 방법을 사용해
  - 프로젝트의 수행에 필요한 행동을 체계적으로 다루어라.
  - 프로젝트의 미래 행동을 계획하라.
  - 파일 시스템을 분류하라.
  - 책장에 있는 책들을 정리하라.
  - 공구실, 지하실, 혹은 다락방을 정돈하라.
- 사업의 '현재'를 위해 일하는 것과 사업의 '미래'를 위해 일하는 것을 구분하라.
- 생각하고 → 행동하고 → 생각하고 → 행동하는 순서를 사용해 생각을 정리하라.
- 정기적인 생각 시간을 마련하라.

작업의 구조화

　일을 얼마나 더 쉽게 하는지 이야기했다. 이제 나는 이 중요한 사항을 좀 더 자세히 보는 데 시간을 쓰고 싶다. 이것과 밀접하게 관련된 질문은 우리가 시간을 구조화해서 그 효용을 극대화시키는 것이다. 우리에게 부과된 어떤 구조가 있을 때, 산만해지지 않고 정신을 집중하는 데 훨씬 더 효과적이다(역자 주 : 예를 들면 학교에 다니면서 시험을 봐야 하는 구조). 우리가 처한 상황이 누군가 우리에게 구조를 부과하지 않는 상황이라면, 그때는 우리가 직접 그런 구조를 만드는 것이 중요하다.

좋은 시스템을 만드는 데
시간을 투자하라

　당신은 좋은 파일 시스템이 없어서 중요한 서류를 제대로 관리하지 못한 적이 있는가? 혹은 고객 관리의 분명한 시스템이 없어서 고객을 제대로 다루지 못한 적이 있는가? 당신은 서류에 답신하지 않거나 약속한 대로 실천하지 않는 회사에 분노를 느낀 적이 있는가? 이 모든 경우의 원인은 다 같은 것이다. 무언가 잘못되고 있지만, 누구도 시간과 노력을 들여 올바른 시스템을 만들지 않는 것이다.

　어떤 일이건, 예를 들어 그것이 수백만 파운드의 프로젝트를 다루는 일이건, 아기에게 우유를 먹이는 일이건 간에, 시간을 내서 좋은 시스템을 만들면 큰 효과를 볼 수 있다.

　당신은 늘 서류가 왜 아무 조치도 없이 서류 더미에 묻히는지 궁금하게 생각한 적이 있는가? 그것은 당신이 좋은 시스템을 갖고 있지 못하기 때문이다. 당신은 왜 늘 이메일을 제대로 처리하지 못하는지 궁금하게 생각한 적이 있는가? 그것은 당신에게 좋은 시스템이 없기 때문이다. 당신은 왜 늘 부족한 것을 사기 위해 가게로 달려가면서 시간을 낭비하는 것 같은지 궁금하게 생각한 적이 있는가? 그것은 당연히…… 이제는 당신도 왜 그런지 알 수 있을 것이다!

　다행히도 우리는 좋은 시스템을 만들면 그런 문제들을 효과적으로 처리할 수 있다. 새로운 프로젝트나 새로운 사업을 할 때 꼭 해야 하는 것은 올바른 시스템을 갖추는 일이다. 하지만 우리는 이상하게도 그렇게 하지 않으려는 경향이 있다. 그리고 우리는 그 이유를 쉽게 알 수 있다. 생각날 때 가게에 가서 필요한 품목을 사는 것이 효율적인 시스템을 만들어 1주일에 한 번 정도 그 모든 쇼핑을 하는 것보다 시간과 노력이 덜 들기 때문이다. 특히 가게에 가는 것이 당신이 하지 않으려 애쓰는 일을 하지 않을 수 있는 좋은 구실이 될 때는 더욱 그러하다.

따라서 당신의 삶에서 무언가가 제대로 되지 않고 있다면 시간을 내서 그 문제를 분석하라. 그런 과정을 잘게 나누어 어디서 잘못되고 있는지 알아보라. 일단 문제를 분석하기 시작하면 어디서 잘못되고 있는지 알아내는 것은 전혀 어려운 일이 아니다.

아주 간단한 예를 들면, 나는 전에 온갖 모임에서 나오는 서류를 다루는 데 문제가 있었다. 교회와 일을 할 때 내가 교구의 대표들과 만날 수 있는 시간은 대개 저녁 시간이다. 그래서 나는 종종 일주일에 3~4차례는 저녁 때 밖에서 모임을 갖는다.

전에 내 문제는 모임에서 10시 30분이나 11시에 돌아오면 죽어도 더 이상 일을 하고 싶지 않은 것이었다. 그래서 나는 서류가방을 구석에 던져놓고 잊곤 했다. 나는 그것을 한참 동안 잊고 있다가 다시 필요할 때만 떠올리곤 했는데, 그때 나는 다음 모임에 필요한 서류를 그냥 집어넣고 모임에 가곤 했다.

그래서 내 서류가방은 처리되지 않은 서류들의 이동식 서류함 같은 것이 되었다. 나는 대개 더 이상 서류를 넣을 수 없을 때가 되어야만 마지못해 가방을 비우곤 했다. 물론 그때가 되면 그 모든 서류를 정리하는 것은 만만치 않은 작업이 되었다. 그리고 흔히 그러듯이 이렇게 힘든 일은 다시 또 연기되곤 했다.

나는 마침내 이 문제를 어떻게든 해결해야겠다고 결심했다. 그때 나는 그 모든 일을 단계적으로 검토하다가 가장 중요한 순간은 집에 도착하는 시간임을 알게 되었다. 그 모든 문제는 내가 서류가방을 구석에 던질 때부터 시작된 것이었다.

일단 이 점을 알고 나자 문제의 해결은 쉬웠다. 나는 집에 도착할 때마다 서류가방의 내용물을 서류함에 비우는 규칙을 만들었다. 그래도 밤에는 아무 일도 하지 않았지만, 서류들이 이제는 서류가방이 아니라 서류함에 있기 때문에 다음날 아침 자동적으로 행동을 취할 수 있게 되었다.

그렇게 하는 데 전보다 더 많은 시간이 필요하지는 않았으며, 나를 오랫동안 괴롭혔던 문제는 마침내 해결되기 시작했다.

이것은 간단한 예에 불과하지만, 일상 생활과 관련된 대부분의 시스템과 과정들도 이처럼 만드는 것이 그다지 어렵지는 않다. 일단 시간을 가지고 보기 시작하면 해결책은 대개 쉽게 찾을 수 있다. 해결책을 찾아내는 전체 과정은 다음의 세 단계로 요약할 수 있다.

1. 현상을 파악한다.
2. 상황이 잘못되는 정확한 시점을 찾아낸다.

3. 그것을 고친다!

아주 복잡한 문제에서도 차이점은 다음에 불과하다. 즉, 그런 문제에서는 상황이 잘못되는 시점이 하나 이상이다. 때로는 이런 것을 즉시 찾아낼 수 있다. 때로는 하나를 제대로 해야만 다음 문제를 알아낼 수 있다. 그래서 우리는 단계 하나를 더 추가해야 한다.

1. 현상을 파악한다.
2. 상황이 잘못되는 정확한 시점을 찾아낸다.
3. 그것을 고친다!
4. 그것은 제대로 되고 있는가? 그렇지 않다면 단계 1로 돌아간다.

이와 같은 분석적 방법은 대부분의 우리가 하는 것, 즉 그냥 앉아서 왜 우리의 삶이 이렇게 엉망인지 한탄하는 것보다 훨씬 더 효과적이다. 무언가가 늘 잘못되고 있다면, 그것을 찾아서 고쳐라!

샐리의 경우

샐리는 금융 상담사들의 팀에서 일했다. 그녀는 기본적으로 즐겁게 일했지만, 한 가지 작은 문제가 그녀를 괴롭혔다. 샐리는 자신의 전문성이나 이미 다루고 있는 업무량에 상관없이 늘 많은 고객을 할당받는 것 같았다. 그래서 그녀는 다른 상담사들보다 더 많은 일을 한다고 느꼈다. 하지만 알고 보니 다른 상담사들도 같은 생각을 갖고 있었다. 그 결과 샐리가 일하는 팀은 불필요한 갈등을 느끼고 있었다.

나는 그녀에게 새 고객을 접수하는 과정을 철저하게 분석해 보라고 권유했다. 그 결과 즉시 다음과 같은 문제가 발견되었다. 즉, 새로 할당되는 고객들은 거의 무작위적인 방식으로 할당되고 있었다. 대개는 처음에 전화로 고객과 이야기한 상담사가 궁극적으로 그 사람을 책임지게 되어 있었다.

이 점을 알고 나서 샐리는 동료들과 상의해 더 좋은 방법을 제안할 수 있게 되었다. 그 결과 고객들은 상담사의 전문성에 맞게 할당되었다. 샐리의 동료들도 같은 문제로 고민하고 있었기 때문에, 그들은 샐리의 제안에 동의했고 새로운 시스템이 도입되었다. 그래서 이제는 그 문제가 더 이상 갈등의 원인이 되지 않았다.

좋은 준비는 지각을 피하는 열쇠이다

나는 문제를 체계적으로 보면 그것을 해결하는 데 큰 도움이 된다는 점을 보여주기 위해 잠시 구체적인 예를 소개하고자 한다. 내가 지금 소개하는 이 문제는 앞에서도 이야기한 적이 있는 것으로 많은 사람들이 고생하는 그 문제, 즉 시간 약속에 늘 늦는 문제이다.

우리 모두 때로는 지각을 한다. 삶은 때로 우리의 예상을 빗나가 우리가 세운 계획을 망가뜨리곤 한다. 하지만 우리 모두는 세상에 두 종류의 사람이 있음을 잘 안다. 습관적으로 제때 나타나는 사람과 습관적으로 늦는 사람이다.

이것은 그들이 얼마나 바쁘냐와 별 상관이 없는 것 같다. 이것은 그들이 맞추어 놓은 일종의 잘못된 시계와 비슷하다. 가령 우리가 어떤 친구를 8시에 만나기로 했다면, 그 친구는 늘 8시 20분에 나타난다. 만일 우리가 그 친구를 8시 20분에 만나기로 했다면, 그 친구는 늘 8시 40분에 나타난다.

지각은 스트레스를 유발하는 행동이며 피해를 야기하는 것이기도 하다. 그것은 우리의 일과 우리의 인간관계를 망가뜨리는 것이다. 그것은 첫인상을 나쁘게 하고, 늘 늦는 사람이라는 소문을 내서 다른 것들도 못하는 사람이라고 생각하게 만든다. 실제로 그렇건 그렇지 않건 말이다.

만일 당신에게 시간 약속에 늦는 문제가 있다면, 그때는 분석적인 접근법을 사용해 도움을 얻을 수 있다. 당신이 무언가에 늦은 가장 최근의 경우를 생각해 보라. 만일 당신이 정말로 이 문제 때문에 고생하는 사람이라면, 그런 경우를 생각하기는 어렵지 않을 것이다.

당신이 늦게 될 것임을 처음으로 알게 되는 시점을 확인하라. 대개는 그때 당신은 이렇게 이야기할 것이다. "오 맙소사, 벌써 시간이 이렇게 되었나?" 당신은 그때 무엇을 하고 있었나? 대개의 경우 그 답은 같을 것이다. 당신은 그때 무언가 다른 일을 하고 있었을 것이다.

지각을 피하기 위한 열쇠는 그 '무언가 다른 일'을 언제 그만두어야 시간 약속에 관심을 돌릴 수 있는지 알아내는 것이다. 이렇게 하려면 시간 약속을 기준으로 거꾸로 계산해서 '다른 모든 것을 하지 말아야 할' 결정의 순간을 알아내야 한다.

내가 이 문장을 쓰고 있는 지금은 10월 초순의 밝고 화창한 날 오전 11시 20분이다. 오늘 저녁에 나는 오후 8시에 시작되는 일부 고객들과의 모임에 가야만 한다. 이 모임은 여기서 30마일쯤 떨어진 서섹스 교외의 어떤 마을에서 가질 예정이다. 그래서 나는 이 모임을 예로 들어 제때에 도착하는 과정을 설명할 생각이다.

나는 이 모임에 제때 도착해야 하지만, 더 일찍 도착해도 특별하게 좋은 점은 없다. 그래서 나는 5분 일찍 7시 55분에 도착할 생각이다. 나는 모임이 있을 집의 정확한 위치를 확실하게 알지 못한다. 그래서 나는 대충은 알아도 그 집을 찾는 데 10분을 책정할 생각이다. 그러면 7시 45분이 된다. 이번 여행은 40분 정도 걸릴 것이다. 그러면 7시 5분이 된다. 나는 떠나기 전에 옷을 갈아입어야 하기 때문에 15분의 시간이 필요하다. 그래서 내가 '다른 모든 것을 하지 말아야 할' 결정의 순간은 6시 50분이 된다.

바로 이때 나는 제때에 도착할 것인지 늦게 도착할 것인지 결정해야 한다. 만일 당신이 습관적으로 늦는 사람이라면 이런 방식으로 도움을 얻을 수 있다. 이 결정의 순간을 넘어서도 무언가를 계속한다면,

당신은 약속 시간에 늦을 수밖에 없다.

나는 그 결정의 순간을 계산할 때 모임에 대비한 서류 준비 작업이나 내가 제시할 요점의 검토는 포함시키지 않았다. 그와 같은 준비 작업은 훨씬 더 이전에 해야만 하기 때문이다.

나는 오늘 아침 일찍 바쁘지 않을 때 그런 서류들을 준비했다. 그래서 이제는 떠날 때 서류가방을 집어들고, 그 안에 모든 것이 들어 있는지 잠깐 확인하기만 하면 된다. 내가 가장 자주 빠뜨리는 아이템은 다이어리이기 때문에, 나는 떠나기 전에 그것을 확인하는 간단한 마음의 점검표를 갖고 있다.

간단한 과정을 만들어 놓으면 작업을 체계화하는 데 큰 도움이 된다. 기억하라. 시스템이 좋을수록 당신은 더 자유롭고 창의적으로 될 수 있다. 간단하고 기억하기 쉬운 점검표는 시간을 절약하게 해주고, 당신이 중요한 항목들을 잊지 않도록 해준다.

나는 프레젠테이션을 할 때 늘 네 가지 아이템을 꼭 갖고 간다. 서류가방, 영사기, 화면, 그리고 케이블이다. 나는 하루 중에 내 사무실을 잠시 정리하고 싶을 때 역시 네 가지 아이템의 점검표를 사용한다. 책, 파일, 문구류, 그리고 서류들이다. 내 사무실이 엉망일 때도 이 점검표는 몇 분만에 질서를 회복시킨다. 나는 때로 모임에 가면서 외투를 놓고 가곤 했다. 그래서 나는 자동차 열쇠를 늘 외투 주머니에 넣는 과정을 개발해 반드시 그것을 갖고 갈 수 있게 했다.

이런 과정들에 특별한 것은 거의 없다. 이것들은 작은 생각만으로도 우리를 늘 괴롭히던 일부 문제를 얼마나 잘 해결할 수 있는지 보여주는 예에 불과한 것이다.

당신이 혼자서 집에서 일한다면
(혹은 그렇지 않다 해도) 좋은 구조를 갖는 것은 중요하다

내가 상담해 주는 사람들 중에서 많은 이들은 직접 사업을 한다. 그리고 때로는 직원들을 고용한다. 직접 하는 사업은 결코 작지 않은 도전이다. 우리 스스로 지원 구조를 만들어야 하기 때문이다.

이제는 더 이상 의존할 고용주가 없다. 모든 것은 우리가 직접 조직해야 한다. 모든 것은 우리가 책임져야 하며, 그런 책임을 우리가 수행하지 않으면 고통은 우리가 겪게 된다. 가장 큰 위험은 우리의 일에 구조를 부과할 어떤 사람도 없기 때문에, 우리의 일에는 구조가 없어지게 된다는 것이다.

내 출판 대리인인 리사는 직접 사업을 하기 위해 자신이 다니던 회사를 그만두었을 때 곧잘 꾸던 꿈에 대해 나에게 이야기했다. 그녀는 크고 비인간적인 도시를 혼자서 걸으며 어디로 가야 할지 모르곤 했다. 이제는 더 이상 지도가 없기 때문이었다. 리사는 그런 꿈을 꿀 때 느끼던 끔찍함을 기억한다.

나름대로 조직화된 상황에서 일할 때 우리는 일종의 지도를 갖고 있는 것과 같다. 우리는 이 지도에 의존해 할 일의 많은 부분을 수행한다. 예를 들어 당신은 회의에 참석할 때 하루가 더 길다는 느낌을 받은 적이 있는가? 반면에 책상에서 일할 때 우리는 하루가 금방 지나가는 것 같고, 때로는 하루 종일 무엇을 했는지 의아하게 여길 때가 있다. 하지만 회의에 참석할 때 우리는 하루에 정말로 많은 일을 하는 것만 같다. 이렇게 되는 이유는 회의에는 대개 잘 짜여진 시간표가 있어서, 특정한 시간에 특정한 과업을 다루는 구조가 있기 때문이다.

집에서 일하는 사람들은 (혼자서 일하건 고용주를 위해 일하건) 사무실이 부과하는 구조와 동떨어져 있고, 그래서 이들의 일은 종종 질서를 잃는다. 많은 경우에 이들은 일과 개인적인 생활을 혼동하게 되고, 그 결과 양쪽 모두 효율성이 떨어진다.

당신이 이런 상황에 처해 있다면, 스스로에게 질서를 부과하는 가장 좋은 방법은 자신에게서 한 걸음 떨어져 스스로 상사로서 기능하는 것이다. 당신이 자신을 고용한 사람인 것처럼 행동하면서, 당신이 진짜 직원에게 부과하는 그런 업무 조건을 설정하라. 당신의 근무 시간은 얼마인가? 당신에게 허용된 휴식 시간은 얼마인가? 당신에게 허용된 휴가 기간은 얼마인가? 이런 조건들을 종이에 적고 진짜 직원이 그러듯이 세심하게 지키도록 하라.

혼자서 일하는 사람이나 집에서 일하는 사람은 언제 일하고 언제 일하지 않는지 분명하게 정해야 한다. 그렇다고 꼭 필요할 때도 오랫동안 일해서는 안 된다는 말은 아니다. 하지만 당신은 늘 분명하게 구분할 줄 알아야 한다. 내가 아는 사람들 중에서 가장 효과적으로 일하는 사람들은 힘든 상황에서도 여가 시간과 개인적인 시간을 잘 활용하는 사람들이다.

　당신이 혼자서 일하는 사람이거나 집에서 일하는 사람이라면, 잠시 시간을 내서 당신의 업무 조건을 설정하라. 설사 직원으로 일하거나 사무실에서 일하더라도, 당신은 집에서 개인적인 활동을 통제할 수 있어야 한다. 마치 당신이 자신을 개인적인 비서로 고용한 것처럼 행동하라. 당신은 언제 일해야 하는가? 당신은 어떤 일을 어떻게 해야 하는가?

**자신을 고용하면 일에서
어느 정도 분리될 수 있다**

　스스로 자신의 고용주로 행동하는 이 원칙은 더 확대될 수 있다. 당신은 친구가 그들이 하는 일의 일부를 도와달라고 부탁한 적이 있는가? 당신은 또 자신의 일보다 그들의 일을 할 때 훨씬 더 쉬웠다는 점도 아는가? 이것은 말하자면 누군가에게 좋은 조언을 주는 것이 스스로 그것을 받는 것보다 훨씬 더 쉬운 것과 비슷하다. 사실 내가 사람들을 상담할 때 종종 사용하는 질문 하나는 이런 것이다. "당신은 똑같은 문제로 당신을 찾아온 사람에게 어떤 조언을 주겠는가?"

나는 종종 친구들과 동료들로부터 그들의 장부 기장을 도와달라는 부탁을 받는다. 그리고 그들을 대신해 장부를 기장하는 것은 비교적 쉬운 일이었다. 하지만 대체로 바로 그때 내 자신의 장부 기장은 제대로 처리되지 못하고 있었다. 내 딸은 전에 대학교에 갈 돈을 마련하기 위해 청소부로 일한 적이 있었다. 녀석은 그 일을 아주 잘 했지만, 집에 있는 녀석의 침실은 늘 엉망이었다.

이런 식으로 당신도 특정한 분야에서 자신을 고용해 일에서 다소 분리됨으로써 그것에 구조를 부여할 수 있다. 예를 들면 당신을 고용해 스스로 회계사나 경리가 되는 것은 어떠한가? 일주일에 이틀 정도는 오후에 사무실에 와서 마치 다른 사람을 위해 일하는 것처럼 스스로 회계사가 될 수도 있다. 이처럼 삶에서 다소 떨어져 마치 제3자의 눈으로 그것을 보듯이 삶을 바라보면, 당신의 효율성은 크게 높아질 수 있다.

당신은 스스로 경리가 되어 일을 할 때 그 '직종'에만 적용되는 특별한 작업 목록을 작성할 수도 있다. 자신에게 이렇게 물어라. '내가 누군가를 위해 일한다면 나는 어떤 작업을 할 것인가?' 스스로 그런 작업에 자신을 한정시키면 그 분야의 일에만 정신을 집중할 수 있다.

물론 혼자서 일하거나 집에서 일할 때만 이런 원칙을 사용할 수 있는 것은 아니다. 당신은 사무실에서도 똑같은 식으로 특정한 시간대를 정해 특별한 분야의 일을 할 수 있다. 예를 들어 당신은 1주일에 하루는 행정적인 일을 하거나, 매달 한 번씩은 계획 업무를 할 수도 있다. 원칙은 여전히 같은 것이다. 그렇게 정해놓은 시간에 당신은 오직 그 일만을 하기 위해 고용된 사람인 것처럼 그 분야의 일만을 할 수 있다.

당신의 일 중에서 곧잘 무시되곤 하는 분야를 찾아 보라. 그것은 회계나 행정 같은 지원 업무일 수도 있고, 미래의 계획 같은 보다 창의적인 업무일 수도 있다. 스스로 자신을 경리, 기획자, 홍보 담당자, 혹은 그밖의 다양한 전문가로 고용하라.

당신은 자신에게 그것과 관련된 멋진 직함을 붙일 수도 있다. 이를테면 '재무 담당 이사' 같은 것이다. 그런 후에 당신의 근무 시간을 정하라. 그것은 얼마나 오랜 시간이어야 하는가? 1주일에 1일인가? 아니면 오후 한나절인가? 혹은 한 달 중에서 1일인가? 일단 시간대를 정한 후에는 정말로 누군가를 위해 일하는 것처럼 성실하게 작업을 수행하라.

당신은 이외에도 이런 분위기를 강화시키는 방식들을 찾아낼 수 있을 것이다. 가령 당신은 다른 책상에서 일하거나 다른 건물에서 일할 수도 있다. 스스로 내 자신의 회계사로 일할 때 나는 그 모든 장부를 갖고 지역의 도서관으로 가서 휴대폰조차 꺼놓은 채 그 일에 완전히 몰두한다. 당신은 심지어 회계사 같은 복장을 할 수도 있을 것이다. 당신이 어떤 방식을 사용하는가는 그렇게 중요하지 않다. 중요한 것은 당신이 누군가를 위해 일하는 것 같은 분위기를 만드는 것이다.

요약 · Summary

- 어떤 문제가 자꾸만 반복해서 일어난다면, 시간을 내서 그것을 분석한 후에 효과적인 시스템을 개발하라.
- 약속시간에 늦지 않으려면 '다른 모든 것을 중단하는' 결정의 순간을 확인하라.
- 마치 자신이 스스로를 고용하듯이 업무 조건을 설정하라.
- 스스로를 시간제 직원으로 고용해 일부 지원적인 업무를 수행하라. 이를테면 스스로 행정가, 경리, 혹은 홍보 담당자가 되어라.

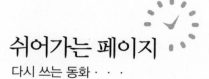

쉬어가는 페이지

다시 쓰는 동화 · · ·

옛날 옛적에 전혀 다른 세상에서 상인의 아들이 아름다운 공주와 사랑에 빠졌다. 전혀 다른 세상에서도 동화에 나오는 상인의 아들은 늘 이름이 한스인 것 같다.

전에 보았던 우리의 한스처럼 이 한스도 너무 바빠서 모든 사업적 문제들을 다루면서 동시에 공주에게 구애할 시간을 낼 수가 없었다. 그래서 그는 낙심에 빠졌다. 하지만 그는 알아야 할 모든 것을 안다고 알려져 있는 똑똑한 마법사가 마을에 산다는 사실을 기억했다. 그래서 한스는 (마을에서 가장 큰 집인) 마법사의 주말 별장에 찾아가 자신의 문제를 설명했다.

"그것은 쉬운 일이지." 마법사가 말했다. "네 삶에서 제대로 할 시간이 충분치 않은 모든 것을 제거하라. 그렇게 한 후에 나를 찾아오면 더 자세한 이야기를 하겠다."

그래서 한스는 집에 가서 제품의 종류를 줄이고, 개인적인 비서를 고용하고, 대부분의 위원회에서 직책을 사임하고, 그 밖의 모든 불필요한 일들을 제거했다. 한스는 또 매일 공주를 찾아가는 대신 1주일에 두 번만 찾아가기로 결정했다. 당연히 이 때문에 공주는 한스의 방문을 더 소중하게 여겼고 한스의 구애는 점점 더 좋아졌다.

한스는 또 비수익적인 제품들을 제거했기 때문에 사업도 번창했다. 하지만 어느 날 공주를 만나러 가는 길에 한스의 말이 다리를 절었다. 느슨한 말굽을 고치는 데 신경을 쓰지 않았기 때문이었다. 다음날 한스는 다리에 물집이 생겼다. 이번에도 장화를 고치는 데 신경을 쓰지 않았기 때문이었다.

다른 모든 것들은 잘 되고 있었기 때문에, 이것들은 사소한 문제에 불과했다. 하지만 그럼에도 한스는 더 잘 할 수 있다고 생각했다. 그래서 한스는 마법사의 말을 기억하고 그를 만나러 갔다. 이번에는 숲 속 깊은 곳에 있는 그가 운영하는 삼림 사업의 본사 건물이었다.

"필요한 것은 해야만 한다!" 마법사가 말했다. "작은 문제들도 큰 것들 못지 않게 중요할 수 있다. 너는 반드시 네가 하는 일의 모든 분야를 돌아가면서 해야 한다. 네 관심을 순환시켜야 한다!" 그런 후에 마법사는 이번에도 그 말을 실천한 후에 다시 찾아오라고 이야기했다.

그래서 한스는 집에 와서 자신의 일을 여러 분야들로 나누고 각각을 돌아가면서 해보기로 결정했다. 한스는 곧 말굽을 고치고, 장화를 수선하고, 장부를 정리하고, 부모님에게 편지를 쓰고, 새 면도 거울을 사고, 하수구를 고치고, 채무자들을 닦달했다. 특히 그는 공주를 만나지 않는 날에는 편지를 써서 업무에 방해를 받을 필요가 없었다.

하지만 한스는 삶의 일부 측면들이 아직도 문제를 야기하고 있음을 알았다. 직원들은 자꾸만 가게문을 제대로 닫지 않음으로써 몇 번이나 도둑을 맞았다. 주요 공급자가 보낸 편지는 어디론가 사라졌다. 또 다른 상인은 보다 효율적인 주문 시스템을 개발해 비용을 절감하고 있었다. 사람들은 그것을 인쇄 방식이라고 불렀다. 한스는 사람들 모두가 이야기하는 이 새로운 발명품을 자신도 도입해야 한다고 생각했다. 다만 한스는 구체적인 방법을 모를 뿐이었다.

그래서 한스는 다시 그 마법사를 만나러 갔다. 이번에는 산기슭에 있는 그의 광산 회사로 찾아갔다.

"시스템이야!" 마법사가 말했다. "바로 그것이 비결이야. 무언가가 제대로 되지 않으면 시간을 내서 왜 그런지 알아보고, 그런 후에 시스템을 바꿔서 제대로 되게 만들어야 해. 올바른 시스템을 만드는 데 투자한 시간은 충분히 보상되고도 남아."

이번에도 한스는 집에 가서 마법사의 이야기를 실천하기 시작했다. 그는 직원들이 가게문을 닫을 때 사용할 점검표를 작성하고, 우편물을 체계적으로 관리하는 시스템을 개발하고, 주문 시스템을 자세하게 검토해 어느 부분이 부족한지 확인했다.

그리고는 마침내 1주일 내내 하루에 1시간씩 그 새로운 기술을 어떻게 활용할 것인지 생각했다. 그 결과 한스는 저비용의 인쇄 광고물을 수없이 뿌릴 수 있었고, 그것은 전에 잃었던 고객들과 새로운 고객들을 끌어들이는 데 크게 공헌했다.

이 모든 노력의 결과 한스의 사업은 날로 번창했다. 하지만 사업적인 성공은 개인적인 삶의 희생을 요구했다. 이제 한스는 자신을 위해서는 조금도 시간을 낼 수가 없었다. 그는 점점 더 자신의 삶이 얇아지고 있다고 느꼈다. 이제는 다시 마법사를 만나야 할 시간이었다.

이번에는 마법사가 한스와 공주를 산에 있는 자신의 별장으로 함께 초대했다. 그 별장에서는 인근에 있는 아름다운 숲과 호수들이 한눈에 들어왔다. 이곳에서 그들은 마법사와 함께 멋진 시간을 보냈다. "너에게는 깊이 활동이 필요하다." 마법사가 말했다. "매일같이 자신을 위한 시간을 마련하라. 네가 자신을 위해 사용하는 시간은 가장 소중한 시간임을 기억하라."

그래서 공주와 함께 산에서 내려왔을 때, 한스는 마을 주위의 숲을 산책하는 시간을 마련하기 시작했다. 그는 또 매일같이 명상을 하는 시간도 마련했다. 한스는 점점 더 삶이 정돈되고 편안해지는 기분을 느끼기 시작했다. 이제는 전보다 여유롭게 살 수 있었으며, 그것은 한스 자신보다 공주가 더 분명하게 인식했을 것이었다.

그러나 아직도 한 가지가 계속해서 한스를 괴롭혔다. 그는 좀처럼 한가로운 식사 시간을 가질 수 없었고, 대개는 밤늦게까지 일했다. 한스는 더 짧은 시간에 일을 마칠 수 있어야 한다고 생각했다. 그는 또 다시 마법사를 찾아가 조언을 구해야겠다고 결정했다.

하지만 이번에는 '마법사 주식회사'의 본사로 갔는데, 마법사는 어디론가 가고 없었다. 마법사는 산 저쪽에 있는 사막에서 최근에 발견된 이상한 액체, 불을 붙이거나 기계에 바르면 기계가 잘 돌아가는 이상한 액체를 찾으러 간 것이었다. 그러나 마법사는 일련의 우편 말들을 준비해 놓고 편지와 서류들을 전달하도록 조치해 놓았다.

그래서 한스는 자신의 문제를 설명하는 긴 편지를 마법사에게 보낼 수 있었다. 며칠 만에 마법사의 답장이 도착했고, 그곳에 적힌 조언은 이번에도 간결했다. "자신을 고용하라." 내용은 그뿐이었다.

한스는 그 말이 무엇을 뜻하는지 알 수가 없었다. 그러다가 갑자기 자신이 고용한 모든 직원들은 고정된 근무 시간이 있고, 그런 시간이 지나면 그들은 모든 것을 잊고 집에 간다는 사실을 깨달았다. 그래서 한스는 자리에 앉아 직원들과 같은 종류의 고용 조건을 자신에게 적용시키려 애썼다.

마침내 그는 점심 시간과 퇴근 시간을 정해 놓으면 집중력이 늘어나고 더 많은 일을 할 수 있음을 알게 되었다. 그는 또 자신을 '기획이사'로 스스로 고용해 2주일에 하루씩 그 일을 하기로 결정했다. 이것은 그의 사업에 큰 영향을 끼쳤고, 얼마 가지 않아 한스는 새로운 공간을 구입해 더 많은 직원을 채용할 수 있었다.

바로 이 단계에서 한스는 공주에게 청혼을 해도 좋다고 생각하게 되었다. 그리고 공주는 한스의 청혼을 기꺼이 받아들였다. 어쨌거나 한스는 이제 왕국에서 마법사를 빼곤 최고의 부자가 되어 있었다.

기쁨에 겨워 성에서 돌아온 한스는 말도 없는 이상한 마차를 타고 다가오는 마법사를 보았다. 마법사는 탐사를 끝내고 돌아오는 것이 분명했고, 상황을 보건대 새로 발견한 그 액체의 또 다른 용도를 알아낸 것 같았다. 마법사는 한스에게 왜 그렇게 행복해 보이는지 물었고, 청혼에 관한 이야기를 들었을 때 축하의 말을 전했다.

"그 모든 것은 당신과 당신의 조언 덕분입니다." 한스가 말했다.

"하지만 나는 가장 중요한 조언을 아직까지 이야기하지 않았다." 마법사가 말했다. "너는 무언가에 저항하는 것을 느낄 때마다, 그것은 네가 어디로 가야 하는지 알려주는 이정표라고 생각해라."

한스는 이번에도 마법사의 조언을 가슴 깊이 새겼다. 그리고 이제부터는 어려운 일을 피하지 않고 그때그때 그것에 대처함으로써, 한스와 공주는 영원히 행복하고 생산적인 삶을 살게 되었다.

·3부·

기법들을 넘어서

●

Ed elli a me : Questa montagna è tale
che sempre al cominciar di sotto è grave ;
e quant'om più va sù, e men fa male.

그런 후에 그가 나에게 말했다.
"이 산은 아주 험해서 처음에는
너무나도 힘든 것 같지만,
높이 올라갈수록 점점 더 쉬워진다."

_ 단테의 〈연옥〉 제4가 88~90

저항 : 가야 할 곳을
알려주는 이정표

- 당신은 충분하고, 지속적이고, 집중적인 관심을 쏟아 프로젝트를 추진하는 것이 무엇인지 배웠을 것이다.
- 당신은 지원 구조들 속에서 일하는 것이 무엇인지 배웠을 것이다.
- 당신은 충동이 아닌 결정에 따라 행동하는 것이 무엇인지 배웠을 것이다.

나는 지금까지 당신에게 도움이 되는 여러 가지 기법들을 소개했다. 하지만 한동안 이런 식으로 일을 하고 나면 당신은 반드시 기법들이 필요한 것은 아님을 알게 될 것이다. 당신은 아마도 의식적으로 기법들을 사용하지 않아도 저항을 더 잘 인식해 극복하고, 집중적인 방식으로 일을 하고, 시간을 낭비하는 활동을 거부할 수 있게 될 것이다. 일단 이 단계에 도달하면 당신은 이런 기법들을 넘어 자연스럽게 시간을 잘 사용하는 자유로움의 단계로 이행할 준비가 되어 있을 것이다. 여기 이 책의 마지막 부분에서 당신은 그렇게 이행하는 데 도움이 되는 조언을 보게 될 것이다.

우리는 도전적인 것들에 저항한다

우리의 삶을 통제하는 열쇠는 우리가 느끼는 저항감을 어떻게 활용하는지 아는 데 있다. 우리는 저항을 긍정적으로 사용할 때 도전적이고, 흥미롭고, 충만한 삶을 살 수 있다. 그렇지 못할 때 우리는 좌절하고, 통제력을 잃고, 심한 스트레스를 받거나 수동적인 사람이 되고 만다.

우리가 무언가에 저항감을 느낄 때는 우리가 하고 있는 일, 혹은 우리가 할 수도 있는 일보다 더 어렵거나 불쾌한 무언가를 앞에 두고 있을 때이다. 우리의 자연적인 반응은 최소 저항을 제공하는 것을 하려는 경향이 있다. 사람들이 직면한 선택이 '일하지 않으면 죽어야 하는' 상황이었을 때, 이것은 당연히 생존의 좋은 메커니즘이었다.

왜냐하면 죽기보다는 일하는 것이 더 적은 저항을 제공했기 때문이다. 하지만 지금의 풍요로운 사회에서 우리는 이렇게 즉각적인 운명에 놓여 있지 않다. 그래서 최소 저항의 길을 따라가는 우리의 자연적인 경향은 더 이상 적절한 것이 아니다.

우리는 정말로 위험한 상황에 기반한 저항이나 두려움을 더 도전적이거나 더 어려운 무언가 때문에 야기되는 저항과 구분할 줄 알아야 한다. 우리는 도로의 잘못된 쪽으로 운전하거나 전기가 흐르는 전선을 잡는 것은 끔찍한 결과를 유발할 수도 있음을 너무도 잘 알기 때문에 그런 것에 저항한다. 대체적으로 우리는 언제 저항이 적절한지 알아내고, 그에 맞게 행동하는 데 큰 어려움을 느끼지 않는다. 우리가 더 어렵게 느끼는 것은 우리의 행동이 부적절한 저항에 바탕하고 있는 때를 알아내는 것이다.

저항감은 대개 당신이 무언가를 해야 한다는 신호이다

내가 여기서 다루고자 하는 종류의 저항은 우리가 당연히 해야 함을 잘 아는 것을 해야 할 때 느끼는 저항감이다. 대개의 경우 우리는 무엇을 해야 하는지 너무나도 잘 안다. 그렇지 않다면 우리는 그것에 저항하지 않을 것이다.

우리는 더 많은 운동을 해야 하고, 아이들에게 더 많은 관심을 보여야 하고, 논문을 쓰는 데 더 애를 써야 하고, 고객들을 관리해야 하고, 방금 책상에 도착한 안전 보고서를 처리해야 함을 잘 안다. 하지만 우리는 저항을 느끼면서 행동을 미루기만 한다. 그래서 우리는 심장병에 걸리고, 아이들과 점점 더 멀어지고, 박사 학위를 따지 못하고, 고객들을 잃어버리고, 업무 태만으로 고발을 당하게 된다.

이것들은 다른 사람들이 우리에게 하기를 원하기 때문에 우리가 해야 한다고 느끼는 것들이 아니다. 이것들 모두는 우리가 원하는 것들이다. 우리는 건강을 원하고, 아이들과 잘 지내기를 원하고, 박사 학위를 원하고, 사업이 번창하기를 원한다. 그리고 우리는 다른 사람들의 죽음이나 부상이 우리의 양심을 찌르는 것을 원하지 않는다. 문제는 우리가 즉시 행동을 취하지 않는 것이다. 우리는 무언가를 원하면서도 그것들을 달성하는 데 필요한 행동에는 저항을 느낀다.

이 모든 경우에 우리가 저항을 그것을 '피해야' 하는 신호가 아니라 행동을 '취해야' 하는 신호로 받아들인다면, 끔찍한 결과들은 피할 수 있을 것이다. 따라서 먼저 저항을 우리의 친구로 만들고 그러면 어떻게 되는지 보기로 하자.

현재 내 삶에서 가장 끈질기게 저항을 유발시키는 내 활동은 이 책을 쓰는 일이다. 누구든지 책을 써 본 사람이면 계속해서 나아가는 것이 얼마나 어려운지 잘 알 것이다. 하지만 나는 저항을 친구로, 내가 해야 할 행동을 가리키는 지표로 다룸으로써, 내 관심을 요구하는 그 모든 것들에도 불구하고 거의 매일같이 어떻게든 책을 써 나가고 있다.

때로는 글쓰기가 순조로운 날도 있었고, 때로는 단어 하나 하나가 마치 고문처럼 느껴지는 날도 있었지만, 나는 자리에 앉아 어떻게든 글을 쓰는 것이 중요한 일임을 알게 되었다. 이런 맥락에서 이제 우리는 이 책의 앞부분에서 다루었던 무언가로 돌아가려 한다.

당신은 정신력 훈련을 계속하고 있는가?

나는 당신이 이 책을 읽는 동안 내가 서두에서 소개한 연습을 계속해서 했기를 바란다. 그 연습은 당신이 내린 결정에 따라 행동하는 데 익숙하도록 만들기 위한 것이다. 이것은 대부분의 사람들이 행동하는 방식과 다른 것이다. 그들은 삶에서 추구해야 할 목표들과 별 상관이 없는 일련의 충동들 속에서 행동한다.

의식적인 결정에 따라 행동하는 것과 충동에 따라 행동하는 것 사이에는 커다란 차이가 있다. 그것은 당신이 삶에서 달성하는 '업적'에 근본적인 차이를 만든다. 내가 여기서 말하는 업적은 사람에 따라 다른 것일 수 있다. 중요한 것은 당신이 삶에서 무엇을 달성하고 싶은지 의식적으로 결정하는 것이다. 당신은 의식적으로 검토하지 않은 일련의 충동들에 따라 행동해서는 안 된다.

우리가 결정에 따라 행동하는 것은 기본적으로 연습의 문제이다.

우리는 그것을 더 많이 할수록 더 잘 한다. 그렇기 때문에 이 연습은 중요한 것이다. 아직까지 그것을 정기적으로 하지 않았다면 지금부터 시작할 것을 강력하게 권유한다. 시작은 했지만 중간에 그만 두었다면 다시 시작하기 바란다. 그것은 자꾸 해볼수록 더 쉬워진다.

좋은 인생 관리의 비결은
우리가 가장 크게 저항하는 것을 하는 데 있다

내가 앞에서 했던 말을 기억하는가? 우리는 일종의 회피 수단으로 일을 하는 경향이 있다. 하지만 우리가 저항하는 것을 먼저 해치우면 그런 회피 활동은 더 이상 필요하지 않다. 그렇게 할 때 우리는 '바쁜 상태'가 자연히 사라지는 것을 보게 된다. 우리는 저항하는 것을 피해야 할 필요가 없기 때문에, 점점 더 많은 일을 하려는 유혹은 크게 줄어든다.

따라서 우리가 지금 시작하려는 것은 우리의 삶에서 저항을 안내자로 삼으려는 것이다. 이 부분에서 내가 앞에서 소개한 강과 늪의 비유가 적용된다. 나는 강과 늪의 차이를 지적하면서, 강에는 둑이 있기 때문에 어디론가 흘러간다고 이야기했다. 우리가 지금 하려는 것은 저항을 그런 둑으로 만들려는 것이다. 우리는 저항이 커지는 것을 느낄 때마다, 그런 저항을 줄이는 단계들을 밟는다.

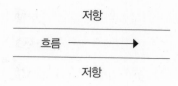

우리가 이것을 어떻게 하느냐가 가장 중요하다. 과거에 우리는 저항을 줄이기 위해 우리가 저항하는 것을 하지 않으려 했다. 하지만 그런 방법은 통하지 않는다. 우리가 저항하는 무언가를 하지 않는다 해서 그런 저항이 사라지는 것은 아니다. 그럴 때 저항은 오히려 더 커진다. 그러면 우리는 일종의 악순환에 빠져, 점점 더 많은 회피 활동을 해야만 그런 회피 활동이 애초에 증대시킨 저항감을 피할 수 있게 된다.

사실 우리가 저항을 피하는 데는 두 가지 길밖에 없다.

· 우리가 저항하는 것을 하거나, 아니면
· 그것을 하지 않겠다고 의식적으로 결정한다.

여기서 우리는 두 번째 방식에 주목할 필요가 있다. 우리가 왜 무언가에 저항을 하는지 잘 살펴보면, 그것은 대개 차라리 그 일은 하지 않는 것이 더 낫다고 은연중에 생각하기 때문이다. 예를 들면 다른 사람들이 우리에게 무언가를 하라고 압박할 때, 우리는 그런 압박에 굴복하고 싶어하지 않는다.

사실 저항을 없애는 이 두 방식 사이에 큰 차이가 있는 것은 아니다. 왜냐하면 두 번째 경우에 우리는 상황에 대한 우리의 진짜 감정이 무엇인지 확인하기 위한 결정을 내리는 데 저항하기 때문이다. 따라서 내가 이 장에서 소개하는 연습들은 당신이 무엇에 저항하는지 확인하는 능력과 즉각적인 행동으로 그런 저항을 줄이는 능력을 강화시키는 것이다. 이 연습들은 당신이 그렇게 할 때 어떤 기분인지 느끼도록 해 준다.

하지만 이것들은 연습에 불과하다. 궁극적인 목표는 인위적인 기법들 없이도 이것을 자연스럽게 할 수 있는 단계에 도달하는 것이다. 삶을 관리하는 데 선천적으로 뛰어난 사람들의 간단한 비결은 그들이 늘 저항을 자극제로 삼아 회피 대신에 행동을 취한다는 점이다.

사실 우리가 지금 이야기하는 것은 흔히 말하는 용기에 관한 것이다. 실제로 지금의 나와, 내가 되고자 하는 나 사이에는 단 하나만이 있을 뿐이다. 다시 말해 그것은 두려움이다. 그리고 두려움을 치료하는 유일한 해독제는 늘 그랬듯이 행동이다. 당신이 시스템과 기법들을 사용해야만 하는 단계에서, 필요한 것을 필요할 때 하는 단계로 나아가도록 돕기 위해, 나는 당신에게 네 가지 연습을 소개한다. 각각의 연습은 이와 같은 발전의 다양한 측면들을 다룬다. 이 연습들은 다음과 같은 방식으로 당신에게 도움을 준다.

1. 당신이 언제 충동에 따라 행동하고, 언제 결정에 따라 행동하는지 알게 해 준다.

2. 당신이 저항의 순서대로 일을 하면, 어떤 차이가 나타나는지 보여준다.

3. 당신이 삶에서 무엇에 저항하는지 더 잘 알게 해준다.

4. 당신이 삶에서 저항하는 주요 분야들에 집중하도록 도와준다.

이런 연습들은 꾸준하게 반복하면 언젠가 더 이상 필요하지 않게 된다. 하지만 내가 앞에서 이야기했던 것을 기억하라. 즉 삶을 다루는 우리의 능력은 때때로 달라지며 날마다 달라지는 경우도 있다. 따라서 당신이 이런 연습들을 다시 하게 된다고 해서 놀랄 필요는 없다.

🔔 (연습) ▶▶▶ 1 : 당신이 언제 충동에 따라 행동하는지 확인하기

거의 누구든지 적어도 한 번쯤은 충동에 의해서 무언가를 산 적이 있을 것이다. 그런 일이 일어날 때 우리는 합리적인 방식으로 행동하지 않는 것이다. 하지만 우리는 그것을 합리화시키기 위해 다음과 같은 식으로 이야기한다. "어쨌거나 나는 그것이 필요했다." 그러면서도 우리는 의식적인 의도에 의해서가 아니라 무의식적인 충동에 의해서 행동했다는 점을 적어도 잠시는 인정한다.

우리가 여전히 제대로 인식하지 못하는 것은 다음과 같은 점이다. 즉, 그런 것은 우리가 이따금씩 하는 실수가 아니라 매일같이 무의식

적으로 충동에 따라 사는 방식이다. 많은 사람들은 거의 모든 것을 의식적인 선택이 아니라 무의식적인 충동에 의해서 한다. 당신도 자신이 생각하는 것보다 훨씬 더 자주 충동에 의해서 행동하고 있을 것이다.

따라서 중요한 것은 우리가 충동에 의해서 행동하는 정도를 확인하는 것이다. 이렇게 하기 위해 우리는 '규정하기(labelling)' 연습을 할 것이다.

처음에는 이 연습을 잠깐 동안, 이를테면 5분이나 10분 동안 해보라. 그러다가 점점 더 익숙해지면 기간을 늘릴 수 있다.

이 연습을 시작하기 위해 당신이 의식적으로 하겠다고 결정한 무언가를 하기 시작하라. 그것이 무엇인지는 중요하지 않다. 중요한 것은 당신이 그것을 시작하기 전에 그것이 무엇이 될 것인지 미리 결정하는 것이다. 일을 시작하기 직전에 당신의 의도를 자신에게 이야기하라.

이렇게 하는 가장 좋은 방법은 간단하게 다음과 같이 이야기하는 것이다. "나는 이제 ~을 할 것이다." 그래서 예를 들면 이런 식으로 이야기하는 것이다. "나는 이제 내가 받은 이메일에 답장을 할 것이다." 혹은 "나는 이제 내 사무실을 정돈할 것이다." 혹은 "나는 이제 내 저녁 수업을 준비할 것이다." 그런 후에 그것을 하기 시작하라.

일을 하면서 당신의 마음이 충동에 어떻게 반응하는지 살펴보라. 이와 같은 충동은 여러 가지 모습으로 나타날 수 있지만, 그것들은 대개 다음과 같은 생각일 것이다.

- "나는 정말로 커피를 마시고 싶다."
- "참, 도널드에게 전화하는 것을 잊었다."
- "저 화분에 물을 줘야 하는데……."

그러면 당신은 곧 커피를 마시거나, 도널드에게 전화를 하거나, 화분에 물을 주면서, 이미 선택한 과업은 등한시할 것이다. 이런 일은 당신도 모르는 사이에 일어나게 될 것이다. 그리고 실제로도 그렇게 되었다. 당신은 그런 것을 하겠다는 의도적 선택을 한 적이 없다. 당신은 그냥 충동에 반응했을 뿐이다.

이런 과정을 차단하기 위해 우리는 '규정하기(labelling)'라고 알려진 방법을 사용할 것이다. 우리의 마음에서 충동이 일어나는 것을 인식하는 순간, 우리는 자신에게 '충동'이란 단어를 말함으로써 그것을 인정한다. 이런 식으로 그런 생각을 충동으로 규정하면 그것은 의식적인 마음으로 들어오게 되고, 그러면 그것을 무시한 채 우리가 하기로 했던 일을 계속하는 것은 훨씬 더 쉬워진다.

우리가 충동에 가장 쉽게 노출되는 때는 방해를 받고 난 후이다. 따라서 당신이 선택한 과업이 이메일에 답장하는 것이라면, 방해가 있은 후에 다시 과업으로 돌아가기 위해 "나는 이메일에 답장할 것이다."라고 자신에게 말함으로써 또 다른 생각이 끼어드는 것을 차단하라.

처음에는 이 연습을 너무 오랫동안 하지 말라. 처음에는 한정된 짧은 기간 동안 그것을 하고, 그런 후에 점차 익숙해지면 기간을 늘려

나가라. 나는 당신이 매일같이 이 연습을 하면서 당신의 일상적인 업무 처리에 적용시키고, 점점 더 시간을 늘려 30분 정도 할 수 있게 되기를 바란다. 육체적인 운동이 당신의 몸을 강화시키고 운동을 하지 않는 동안에도 그 효과는 계속되는 것처럼, 이 연습도 충동에 저항하는 당신의 능력을 강화시키고, 다른 분야들에서도 당신에게 도움을 줄 것이다.

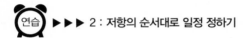
연습 ▶ ▶ ▶ 2 : 저항의 순서대로 일정 정하기

이 책의 앞부분에서 나는 가장 겁내는 것을 제일 먼저 하라는 시간 관리의 일반적인 조언에 대해 이야기했다. 나는 만일 우리가 가장 겁내는 것을 제대로 하지 못하면 마비의 문제들로 이어질 수도 있다고 지적했다.

나는 또 우리가 가장 겁내는 것과 우리가 가장 저항하는 것 사이에는 현실적인 차이가 있다고도 이야기했다. 우리는 성난 고객에게 전화하는 것을 겁낼 수도 있지만, 애초에 그 고객을 성나게 한 것을 제대로 다루는 데는 저항한다.

물론 그 둘은 밀접하게 관련되어 있지만, 저항에 의한 걱정은 두려움에 의한 걱정보다 덜 즉각적이고 더 근본적인 경향이 있다. 그래서 우리는 예의 그 표현을 다음과 같이 고칠 필요가 있다. 즉 '당신이 가

장 저항하는 것을 제일 먼저 하라.'

당신이 이 책에 소개된 연습들을 충분히 했다면, 이제는 위의 조언을 실험할 더 좋은 입장에 있을 것이다. 내가 이것을 초기 단계에 당신에게 이야기했다면, 당신은 저항을 다루는 경험이 충분치 않아서 이 조언을 실천하기 어려웠을 것이다.

대부분의 우리는 일을 할 때 가장 쉬운 일을 먼저 하고, 더 어려운 일은 나중으로 미루는 자연적 경향이 있다. 그리고 내일 같은 '나중에'는 대개 현실이 되지 않는다. 이것이 회피 전술로써 사소한 것들을 축적시키는 우리의 다른 경향과 결합되면, 우리는 종종 사소한 것들만 다루면서 정말로 중요한 것은 다루지 못하는 결과를 보게 된다. 이 연습의 목적은 당신이 그 정반대의 경험, 어려운 일을 먼저 할 때 발생하는 경험을 하도록 만드는 데 있다.

이 연습은 기본적으로 아주 쉬운 것이다. 당신이 해야 하는 모든 것들의 목록을 작성하라. '반으로 나누기' 기법을 사용해 당신이 저항을 느끼는 순서에 따라 그것들을 그룹으로 나누어라. 그런 후에 가장 높은 저항 항목들을 먼저 다루고, 가장 낮은 저항 항목들로 내려가라.

이것이 어떻게 작용하는지 보여주기 위해, 나는 분명하게 두 그룹으로 나누어지고 하나의 항목까지 내려가는 여덟 개의 항목이 있는 목록을 사용할 것이다. 당신의 목록은 이보다 더 길 것이며 다루기에 조금 더 어려울 것이다. 하지만 그것은 중요하지 않다. 당신은 그것을 계속해서 대략 반으로 나누기만 하면 된다.

첫 번째 단계 – 당신의 작업 목록을 작성하라. 이를테면 다음과 같은 목록이 될 것이다.

이메일

새 광고의 삽입

로저에게 전화하기

판매 숫자

고객과의 연락

책상 정돈

파일 찾기

보고서 초안

두 번째 단계 – 당신이 가장 큰 저항을 느끼는 항목에 확인 표시를 하라. 대략 절반의 항목에 확인 표시를 해보라. 예를 들면 다음과 같이 하라.

이메일

새 광고의 삽입　　　　V

로저에게 전화하기

판매 숫자　　　　V

고객과의 연락　　　　V

책상 정돈

파일 찾기

보고서 초안   V

이제 두 번째 열로 이동해 이미 표시한 항목들 중에서 가장 큰 저항을 느끼는 항목들에 확인 표시를 하라.

이메일

새 광고의 삽입   V

로저에게 전화하기

판매 숫자   V

고객과의 연락   V   V

책상 정돈

파일 찾기

보고서 초안   V   V

이 예에서 당신은 두 번째 열에 두 항목을 갖게 된다. 다음 단계는 세 번째 열로 이동해 가장 큰 저항을 느끼는 항목에 다시 확인 표시를 하는 것이다.

이메일

새 광고의 삽입	V		
로저에게 전화하기			
판매 숫자	V		
고객과의 연락	V	V	V
책상 정돈			
파일 찾기			
보고서 초안	V	V	

이제 당신은 그 열에서 하나의 항목만을 갖게 되었다. 다음 단계는 그 일을 하는 것이다. 따라서 이 예에서 첫 번째 항목은 고객과 연락을 취하는 것이 된다. 이것은 대개 당신이 더 쉬운 다른 일들을 할 때까지 미루곤 했던 일일 것이다. 많은 경우에 정말로 중요한 일은 저항이 가장 큰 항목임을 주목하라.

이 경우에 그것은 책상 정리가 아니라 고객과의 연락이며, 대개는 이것이 당신에게 돈을 벌어준다. 같은 식으로 했을 때 현재 내가 가장 큰 저항을 느끼는 항목은 이 책을 쓰는 일이다.

당신은 이제 고객과의 연락이라는 일일 활동 목표를 완수했다. 그래서 당신은 안도의 한숨을 쉬면서 그 항목을 목록에서 지운다.

이메일	
새 광고의 삽입	V

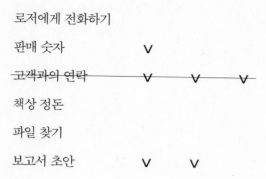

로저에게 전화하기

판매 숫자   V

~~고객과의 연락~~   V   V   V

책상 정돈

파일 찾기

보고서 초안   V   V

당신은 즉시 다음 항목은 두 번째 열에 남아 있는 유일한 항목, 즉 보고서 초안 작성임을 알 수 있다. 우리는 이것이 긴급한 일이 될 때까지 미루는 자연적 경향이 있다. 하지만 그것을 이런 식으로 하게 되면, 당신은 상당히 이른 단계에 그 일을 해결하게 된다.

보고서를 완성하는 데는 며칠이 걸릴 수도 있지만, 어쨌든 오늘은 좋은 시작을 한 셈이다. 그래서 당신은 오늘 정한 목표를 완수했기 때문에, 그 항목을 목록에서 지우고 계속해서 나아간다.

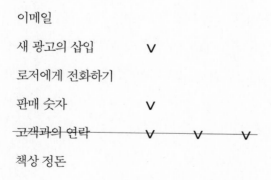

이메일

새 광고의 삽입   V

로저에게 전화하기

판매 숫자   V

~~고객과의 연락~~   V   V   V

책상 정돈

파일 찾기

~~보고서 초안~~ ──────── v ──── v ────

이제 첫 번째 열에서 확인 표시가 되어 있는 항목은 두 개 남았다. 당신은 이번에도 가장 큰 저항 항목에 확인 표시를 한다.

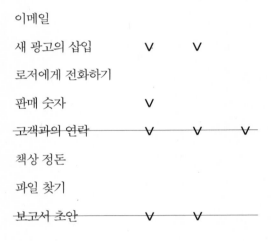

이메일

새 광고의 삽입   v   v

로저에게 전화하기

판매 숫자   v

~~고객과의 연락~~ ──── v ──── v ──── v ──

책상 정돈

파일 찾기

~~보고서 초안~~ ──────── v ──── v ────

당신은 점점 더 쉬운 영역으로 들어간다. 광고를 내는 것은 고객과의 연락에 비하면 식은 죽 먹기나 다름없다. 다음에 해야 할 일은 판매 숫자의 확인인데, 이것은 그렇게 어렵지 않은 일이다. 마지막으로 남은 일도 상당히 쉬운 것으로서, 당신은 그 일을 하는 데 별다른 저항을 느끼지 않는다.

어떤 일이 일어나고 있는지 한번 보라. 우리는 가장 도전적인 일들에 가장 크게 저항하는 경향이 있다. 그리고 이런 일들은 대개 우리의 발전에 가장 크게 도움이 된다. 가장 큰 저항을 느끼는 것에서 시작해 가장 작은 저항을 느끼는 것에서 끝을 낼 때, 우리는 내리막길을 내려가는 사이클 선수처럼 하루를 즐겁게 보낼 수 있다. 일은 점점 더 쉬워지고, 저항은 점점 더 작아진다. 이것은 우리가 전에 일하던 방식과 정반대의 방식이다. 그때 우리는 사소한 일상적 일부터 시작해 점점 더 어려운 일을 하면서 고생을 했다. 저항은 점점 더 커지고, 우리의 에너지는 점점 더 약해져 보다 중요한 일을 할 수가 없었다.

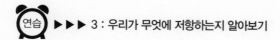 **3 : 우리가 무엇에 저항하는지 알아보기**

위의 연습에서 당신은 저항의 순서에 따라 작업을 하라는 이야기를 들었다. 다시 말해 가장 크게 저항하는 일을 제일 먼저 하라는 것이었다. 하지만 아쉽게도 우리는 종종 우리가 저항하는 일을 무시하는 데 아주 뛰어나서 우리가 그것에 저항하는지 잘 모를 때가 있다. 따라서 이 세 번째 연습의 목적은 우리가 저항하는 것을 보다 분명하게 인식하는 데 있다.

종이 맨 위에 다음과 같이 적어라. '내가 현재 삶에서 저항하는 것은……' 그런 후에 밑에다가 가능한 한 많은 것들을 적어라. 무엇을 적을 것인지 생각하는 데 너무 많은 시간을 쓰지 말라. 이 연습은 그런 것을 가능한 한 빨리 적을 때 가장 효과적이다. 적어도 여섯 가지 이상, 그리고 열두 가지 미만의 항목을 적어라.

내 고객 가운데 한 사람은 처음에 이 연습을 할 때, 다음과 같은 것들을 적었다.

내 육체적인 건강에 대해 무언가를 하기

아내와 아이들과 더 많은 시간 보내기

샐리의 편지에 답장 보내기

내가 아직도 이 일자리에 있어야 하는지 결정하기

병원에 가서 종합검진 받기

파일을 새로 정리하기

휴가를 갈 것인지 결정하기

차고 지붕을 고치기

존에게 사과하기

당신도 알겠지만, 이 목록은 '중요한' 것들과 '중요하지 않은' 것이 섞여 있다. 그것은 괜찮은 일이다. 항목들이 얼마나 중요한지 걱정할 필요는 없다. 중요한 것은 당신이 그것들에 저항한다는 점이다.

적어도 5일 동안 매일같이 이 연습을 반복하라. 그런 후에 다시 정기적으로 반복하라. 이전의 목록에 있던 항목들이 반복되는지에 대해서는 걱정하지 않아도 된다. 대개의 경우 당신의 목록은 시간이 지

나면서 변하거나 발전한다. 그리고 사실은 그래야만 한다. 이 연습의
목적은 당신이 그동안 의식에서 빼내려 했던 것들을 다시 의식 속으
로 넣기 위한 것이다.

　이 연습 기간에 당신이 생각해낸 그 모든 것들을 실천해야 한다고
생각할 필요는 없다. 당신이 이것들을 의식적으로 생각했다는 사실
만으로도 충분하다. 그러면 언젠가는 반드시 행동으로 이어지게 마
련이다.

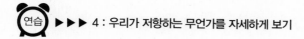 **4 : 우리가 저항하는 무언가를 자세하게 보기**

앞의 연습은 넓게 가기 위한, 당신이 저항하는 것을 가능한 한 많이
깨닫게 하기 위한 것이었다. 이번 연습은 깊게 가기 위한, 한 번에 하
나씩 더 자세하게 보기 위한 연습이다.

　이 연습은 앞에 소개한 적이 있는 분출(burst) 적기 연습의 변형이
라고 할 수 있다.

　이번에는 목표를 15분 동안 적는 것이다. 먼저 다음과 같이 적어
라. '내가 살면서 가장 크게 저항하는 것은……' 그런 후에 계속해서
적어라. 이번에도 중요한 것은 멈추지 않고 적는 것이다. 생각을 멈
추지 말라. 이미 적은 것을 다시 검토하지 말라. 구두점, 맞춤법, 혹
은 문법에 대해서는 걱정하지 말라. 계속해서 손을 움직여라. 그러다

가 15분이 지나면 죽은 것처럼 멈추어라.

다 끝낸 후에 그동안 적은 것을 자세히 읽고, 특별히 중요하다고 여기는 것에 밑줄을 쳐라. 이를테면 새로운 깨달음이나 취해야 할 어떤 행동 같은 것이다. 그런 후에 밑줄이 쳐진 것들을 별도의 목록으로 작성하라.

한동안 이 네 가지 연습을 하게 되면, 당신은 기법들 없이 사는 실험을 시작할 수 있게 된다. 우리의 목표는 필요한 것을 필요한 때에 할 수 있는 것이다. 이것은 말하자면 걷는 법을 배우는 것과 비슷하다. 그것은 쉽지 않고 상당한 연습이 필요하다. 그러므로 아주 오랫동안 이런 식으로 살 수 없다고 해서 실망할 필요는 없다. 때로는 내가 이미 가르친 그 기법들로 돌아가야 할 때도 있을 것이다.

다음의 정신적인 단계들을 밟는 연습을 하면 도움이 된다.

1. 자신에게 이렇게 물어라. "나는 바로 지금 무엇에 저항하고 있는가?" 대개는 이런 질문을 하면 분명한 답을 얻을 수 있다. 그렇지 않다면 당신이 저항하는 것을 무엇이든 선정하라.
2. 당신이 무엇을 할 것인지 자신에게 이야기하라. 이를테면 이렇게 이야기하라. "나는 지금 ~을 하려 한다."
3. 당신이 충동 때문에 그런 것에서 멀어지고 있다고 느낄 때마다 그것을 '충동'이라고 규정한 후에 다시 처음의 결정으로 돌아가라. 따라서 이 기간 동안에 당신의 내적인 대화는 이런 식으로 이루

어질 것이다.

"나는 바로 지금 무엇에 가장 크게 저항하고 있는가?"

"그것은 내 건강에 대해서 무언가를 하는 것이다."

"나는 다음 15분 동안 내 건강을 개선시키기 위해 무엇을 할 것인지 결정할 것이다."

(몇 분이 지난 후에) "존이 내 이메일에 답장을 보냈는지 모르겠다."

(이메일을 확인하려는 본능적인 반응을 자제하면서) "나는 건강을 개선시키기 위해 어떤 행동을 할 것인지 결정하고 있다."

흐트러진 지도가 당신의 일정을 통합하는 데 도움을 준다

당신이 그 저항 원칙을 활용하는 경우 마음의 준비를 위한 좋은 한 가지 방법은 내가 '흐트러진 지도(scatter map)'라고 부르는 생각 기법이다.

흐트러진 지도는 말하자면 당신이 아는 것일 수도 있는 그 마음 지도 기법과 비슷하다. 하지만 이것은 몇 가지 중요한 측면에서 그것과 다르다. 개인적으로 나는 마음 지도 기법이 그들이 주장하는 만큼 유용하다고 느낀 적이 한 번도 없다. 이것도 다른 많은 것들처럼 개인적인 취향에 불과할지 모른다. 왜냐하면 내가 아는 일부 인사들은 그것을 신봉하기 때문이다. 그렇지만 나는 더 자유롭고 더 쉬운 기법을 좋아하며, 흐트러진 지도는 그런 기준에 완벽하게 들어맞는다.

그것이 '흐트러진 지도'라고 불리는 이유는 종이 위에 당신의 생각을 흐트러 놓고 무엇이든 떠오르는 연결을 지도로 묶는 것이기 때문이다.

핵심 단어들을 사용하는 마음 지도와 달리, 당신은 완전한 문장들을 사용한다. 이렇게 하는 이유는 문장은 당신의 생각들을 통합시키는 중요한 메커니즘이기 때문이다.

예를 들어 '개(dog)'와 '흰색(white)'이라는 두 단어를 생각해 보자. 이것들은 그 자체로는 전혀 무관한 개념들이다. 하지만 이것들을 하나의 문장으로 연결하는 순간 (예를 들어 '내 개는 흰색이다') 그 두 가지 개념을 통합시키는 연결이 형성된다. 우리의 머릿속에서 진행되는 것을 통합시키는 언어의 역할은 중요한 것이다. 그리고 나는 이것을 일기 쓰기에 관한 13장에서 다시 언급할 것이다. 일단 문장을 만들면, 우리는 다른 개념들을 보탤 수 있다. 예를 들면 '더러운(dirty)' 같은 개념이다. '더러운 때를 빼고, 내 개는 흰색이다.' 우리는 그것에 감정을 도입할 수 있다. 가령 '내 개가 더러울 때, 나는 녀석이 밉다.'

이번에도 마음 지도와는 달리, 흐트러진 지도에서는 우리가 두 가지 생각을 종이에 적기 전까지는 그것들 사이에 어떤 연결도 만들려 하지 않는다. 그것들은 대개 마음 지도에 비해, 그것들을 쓴 사람에게 훨씬 더 의미가 있고, 그냥 보기만 하는 사람에게는 별 의미가 없다.

흐트러진 지도는 온갖 종류의 작업에 사용할 수 있다. 하지만 내가 여기서 특별하게 흥미를 느끼는 용도는 하루 동안의 작업에 당신의 마음을 준비시키는 것이다. 하루를 시작하면서 종이에다 그 하루 동안 무엇을 해야 하는지에 대한 당신의 모든 생각들을 적는다면, 당신은 돌파구를 마련할 수 있고 훨씬 더 쉽게 일을 할 수 있다.

잠시 후에 당신은 내가 하루 동안의 작업을 준비하면서 직접 만든 '흐트러진 지도'를 보게 된다. 사실 이것은 내가 오늘, 바로 이 글을 쓰는 지금 만든 진짜 지도이다. 나는 그것을 어떤 식으로도 편집하지 않았다. 당신은 이것을 좀처럼 이해할 수 없을 것이다(그리고 흐트러진 지도는 그래야만 한다). 하지만 이것은 당신에게 그런 지도를 어떻게 만드는지 감을 잡게 해줄 것이다. 물론 당신은 독특한 방식으로 그런 지도를 만들 수 있다.

당신이 주목할 점은 다음과 같다.

- 이 지도의 대부분은 완전한 문장들로 이루어져 있다.
- 나는 종이의 중간에서 시작해 어디든지 쓰고 싶은 곳에 내 생각들을 적었다.
- 나는 연결이 있다고 느낄 때마다 화살표로 생각들을 연결시켰다.
- 나는 내가 해야 하는 것들에 대한 내 느낌들을 적었다. 가령 '나는 정말로 스페인어를 공부하고 싶다' 혹은 '참, 이따가 꼭 구두를 닦아야만 하는구나!'
- 나는 그것들이 논리적인지에 대해서는 걱정하지 않았다.

다음 장에서 나는 실생활 속에서 내가 저항의 원칙에 따라 살았던, 혹은 그렇지 못했던 몇 가지 예를 소개하려고 한다.

요약 · Summary

- 저항을 안내자로 사용해 행동을 하면 우리의 삶은 부드럽게 흘러 간다.
- 필요한 것을 필요한 때에 기법들의 도움 없이 할 수 있으려면, 상당한 연습을 거쳐야 한다.
- 일을 시작하기 전에 '흐트러진 지도'를 사용해 당신의 하루를 '워밍업' 하라.
- 실패하더라도 실망하지 말고 연습을 더 하라!

저항 원칙은 실제로
어떻게 작용하는가?

이 장에서 나는 실제로 저항 원칙을 어떻게 사용하는지 보여줄 것이다. 그렇게 하기 위해 나는 며칠 동안 일기를 작성하면서, 내가 저항을 사용해 일의 방향과 목표를 어떻게 잡는지 소개할 것이다. 이 1주일간의 일지는 허구가 아닌 실제이며, 그래서 결코 완벽하지는 못할 것이다. 나는 성공뿐 아니라 실패와 실수도 보여줄 것이다.

이런 성공과 실패가 어떤 것이 될지는 나도 모른다. 이 1주일은 아직 시작되지 않았기 때문이다. 그것은 현실 속에서 내가 이 글을 쓴 후에 시작된다. 지금 시간은 일요일 정오가 조금 지난 시간이다. 일지는 월요일 아침부터 시작된다.

시간 일지는 시간을 분석하는 데 유용한 도구이다

1주일 정도 시간 일지를 기록하면 당신이 무엇을 하는지 분석하고, 시간이 어디로 가는지 보는 데 유용한 도구가 된다.

09 : 00 보브에게 전화하기

09 : 12 편지 개봉하기

09 : 25 수의 편지에 답장하기

방해가 생기면 들여쓰기를 하고, 끝낸 시간도 기재하라. 이를테면,

09 : 00 보브에게 전화하기

09 : 12 편지 개봉하기

     09 : 17 짐이 전화하다 − 09 : 30

09 : 38 수의 편지에 답장하기

이런 식으로 시간 일지를 사용하면 당신의 시간이 어디로 가는지 알아보고, 방해와 모임 같은 것들의 효과를 아는 데 도움이 된다. 그것은 또 바쁘게 1주일을 보낸 후에, 당신이 실제로 달성한 것들을 상기하는 데도 도움이 된다.

이 일기는 바로 이와 같은 시간 일지에 바탕할 것이며, 나는 이것을 확대시켜 당신에게 유용한 교훈들을 제시할 것이다. 이 일지를 작성하는 기간 동안 나는 내가 느끼는 저항에 반응하는 것만으로 일을 할 것이다. 나는 어떤 형태의 '할 일들 목록'도 작성하지 않을 것이고, 어떤 식으로도 내 행동들에 우선순위를 정하지 않을 것이다.

이 기간에 내가 추진하거나 보완해야 할 몇 가지 중요한 것들이 있다. 그것들은 다음과 같다.

- 무엇보다도 가장 중요한 것은 이 책을 쓰는 일이다.
- 나는 새로운 네트워크 마케팅 사업을 추진할 것이다.
- '치체스터 대교구'를 위한 일로써 나는 캠페인을 하고, 새로운 활동을 시작하고, 소교구들과 연락 및 지원하는 일을 계속해야 한다.
- 나는 또 몇 개의 이메일 목록도 관리해야 하는데, 특히 영국의 인생 상담자들 목록이 가장 중요하고, 한 달에 두 번 이메일 소식지도 만들어야 한다.
- 놀 수 있는 시간도 마련한다면 아주 좋겠지만, 내 일은 아주 재미있고 다양해서 일과 놀이를 구분할 필요는 없다.

시작하기 전에 지적해야 할 한 가지는 나는 집에서 일하며, 이것에는 앞에서도 보았듯이 장점과 단점이 있다.

집에서 일하는 것의 한 가지 큰 장점은 일찍 일어나 일터에 가지 않아도 된다는 점이다. 그래서 나는 8시 10분까지도 잠자리에 누워 있다.

집에서 일하는 것의 한 가지 큰 단점은 아침에 무언가를 시작하는 데 어려움을 겪는다는 점이다. 옷을 완전하게 입을 필요가 없고 특정한 시간에 특정한 장소에서 깨어 있을 필요가 없기 때문에, 대개는 잠옷 바람으로 시간을 보내면서, 일을 시작하기가 쉽지 않다.

저항에 반응하면 이것을 아주 쉽게 해결할 수 있다. 옷을 입는 것은 처음 잠자리에서 나올 때 도저히 넘을 수 없는 산인 것 같다. 하지만 지금은 당신이 무엇에 저항하는지 알기만 해도 된다. 그러면 당신은 점차 잠자리에서 나오고, 옷을 입고, 샤워를 하고, 잠에서 깬다. 이것을 매일같이 하면 반복 과정이 만들어져 거의 무의식적으로 할 수 있게 되며, 오히려 그것을 하지 않으려 할 때 저항을 느끼게 된다.

그래서 나는 이제 완전히 옷을 입고, 샤워를 해서 잠이 깬 채 8시 30분에 아침을 먹기 시작한다. 우편 배달부가 와서 내가 해보고 싶어하는 운동 시스템에 관한 책을 준다. 8시 55분에 나는 일을 시작하는 데 따르는 저항이 생기기 시작하는 것을 느낀다.

따라서 이제는 일을 시작할 때가 된 것이다. 하지만 막 시작하려는데, 오늘 저녁 내가 방문할 소교구의 목사님이 전화를 걸어 일정을 조정한다. 이제 시간은 9시이다.

나는 일을 시작하면서 하루 종일 반복해서 자신에게 묻게 될 질문을 스스로에게 한다. "바로 지금 나는 무엇에 가장 크게 저항하는가?" 그 답은 나에게 분명하다. 한 주가 시작되면 늘 지난주에 이어서 해야만 할 일들이 쌓이게 된다. 이것들은 종종 누군가와 연락이 되지 않았거나, 그밖의 다른 이유들 때문에 그렇게 된 것이다.

나는 이어서 해야만 할 일들을 별도의 파일에 보관해 언제든지 필요하면 찾아볼 수 있게 한다. 사후 관리는 인간의 거의 모든 활동 영역에서 성공에 필수적인 것이다. 그래서 당신은 반드시 그런 시스템을 갖고 있어야만 한다. 어떤 사람들은 그런 일들을 일기에 적고, 어떤 사람들은 컴퓨터에 저장한다. 나는 내가 개발한 파일에 보관하지만, 어쨌든 중요한 것은 당신에게 맞는 시스템을 만드는 것이다.

이런 일들은 대개 저항이 큰 편이다. 왜냐하면 그것들은 정의상 (설사 완수하지 못한 충분한 이유가 있었어도) 다음으로 연기된 일들이기 때문이다. 그래서 내 경우에는 그런 일들의 목록을 확인하는 것이 가장 큰 저항 항목에 속한다.

따라서 나는 그런 일들의 목록을 확인하는 것부터 일을 시작한다. 그랬을 때 내가 할 수 있는 것은 하나의 전화 통화뿐임을 알게 된다. 하지만 그 전화 통화는 다른 무엇보다 내 마음에 저항을 일으키고, 그래서 나는 즉시 행동으로 옮기지 못한다. 이제 9시 9분이다.

내가 그 전화 통화보다 더 저항하는 것은 이 책을 쓰는 일이다. 나는 이미 초고를 완성했고 마감일까지는 아직도 넉 달 반이 남았다. 그런데 왜 서두르는가? 글쎄, 책을 쓰는 것은 저항이 높은 활동이며, 계속해서 책을 쓰지 않으면 그 넉 달 반은 순식간에 지나갈 수도 있다. 이렇게 큰 과업에서 핵심은 지속적인 활동이다. 그래서 나는 45분 정도 책을 쓴다.

내가 이 일을 먼저 하고 나서 나머지 일상적인 일들에 시간을 쓴다는 점을 주목하라. 이것은 계획에 의한 활동이 아니다. 이것은 어느 때이건 저항이 가장 큰 항목을 가장 먼저 다루는 결과이다. 이제 9시 48분이다.

나는 이제 그 전화 통화로 관심을 돌릴 수 있다. 이것은 내가 몇 주 동안 연락하려 애썼지만, 연락하지 못한 어떤 목사님과의 통화이다. 나는 당연히 이 활동을 나중으로 미루고 싶어한다. 하지만 이 활동은 저항이 큰 활동이기 때문에 빨리 처리해야 한다. 내가 전화를 걸자 자동 응답기가 대답한다. 나는 메시지를 남기고 (특히 무엇보다) 나중에 해야 할 일들의 목록에 이것을 기재한다. 이제 9시 58분이다.

오늘 들어온 우편물이 정돈되지 않은 채 나를 보고 있다. 많은 사람들처럼 나도 서류 정돈을 좋아하지 않기 때문에, 나는 이제 이것을 해야 한다고 결정한다. 다행히도 그렇게 중요한 우편물은 없어서 모든 것을 끝내자 10시 20분이 된다.

오늘 저녁의 모임은 나에게 부담을 주기 시작하며, 그래서 나는 저항의 순서에 따라 이것을 다뤄야 한다고 결정한다. 나는 정확한 위치와 그곳에 가는 법을 확인해야 하며, 사람들에게 보여줄 몇 장의 영사기 필름도 준비해야만 한다. 비교적 빨리 이것을 처리한 후에, 나는 모든 관련 서류를 가방에 넣는다. 그리고 모임을 위해 '다른 모든 것을 중단하는' 결정의 순간을 오후 7시 10분으로 정한다.

지금은 오전 11시 12분일 뿐이며, 나는 이미 중요한 일과를 다루었다고 느끼기 시작한다. 나는 책도 썼고, 중요한 사후 전화 통화도 했고, 서류도 정리했고, 저녁 모임의 모든 준비도 끝마쳤다. 남은 일이 거의 없다는 것은 당연히 편안한 기분이지만, 그것은 내가 저항의 원칙을 사용해 그 모든 일들을 처리했기 때문이다.

이제 남은 하루는 비교적 쉬운 내리막길이 될 것이며, 대개는 내가 별 저항을 느끼지 않는 것들로 구성되어 있다. 하지만 바로 이때 우리는 정신이 산만해지는 위험을 안게 된다. 따라서 중요한 것은 계속해서 저항의 정도를 확인하며 충동적인 행동을 피하는 것이다.

이제 나는 이메일을 확인한다. 내가 관리하는 이메일 목록의 하나에 낯선 사람이 보낸 공격적인 메시지가 들어와 있다. 나는 이것을 다뤄야만 한다. 아울러 새로 목록에 올려야 할 이메일 주소도 꽤 있기 때문에 그것도 다루어야 한다. 그리고 이번에도 사소한 편지들이 많이 들어와 있고, 이 중에서 일부에게는 답장을 보내야 한다.

이메일을 관리하는 좋은 시스템은 (특히 그 양이 많을 때는) 아주 중요하다. 잘못하면 모든 것이 엉망이 될 수도 있기 때문이다. 나는 대개 하루에 30통 내지 40통의 이메일을 받는데, 이것은 다른 사람들에

비하면 그렇게 많은 것이라고 할 수 없다. 기억하라. 좋은 시스템을 만드는 데 사용하는 시간은 반드시 보상을 받는다. 내가 개발한 이메일 관리 시스템은 이런 식으로 되어 있다.

- 우선 먼저 나는 새로 온 이메일들을 빠르게 읽고 나서, 즉시 지워도 괜찮은 것은 지워버린다.
- 다음에 나는 받은 순서대로 남은 이메일을 처리한다. 내 목표는 모든 이메일을 받는 순간 처리하는 것이다.
- 나는 정말로 필요할 때만 이메일을 저장한다. 그렇지 않은 이메일은 지워버린다.
- 이메일을 읽고 답장을 쓴 후에는 한꺼번에 답장을 보낸다.

대개는 답장을 보낸 후에 새 이메일이 몇 개 도착해 있다. 나는 그 것들을 대충 읽고 급하지 않은 것은 그대로 둔다. 그리고는 다음에 함께 처리한다. 이것이 중요한 이유는 잘못하면 하루 종일 이메일을 읽고, 답장을 쓰고, 다시 몇 개를 더 읽고, 또 답장을 쓰게 될 수도 있기 때문이다.

이제 12시 50분이 되었고, 나는 휴식을 취하는 데 저항하는 것을 인식한다. 우리가 저항하는 것이 늘 힘든 것들만은 아님을 유념하라. 우리의 저항은 하루에 여러 차례 변하며, 때로는 우리가 저항하는 것이 휴식과 오락일 수도 있다. 당신의 마음이 당신에게 이야기하는 것에 귀를 기울여라. 그렇게 하는 데 더 익숙해질수록 당신의 삶은 더 균형적인 것이 된다.

나는 가벼운 점심을 먹고 나서 새 책에 소개된 몇 가지 운동을 해본다. 주요 저항 항목들을 이미 처리했기 때문에, 나는 이제 가벼운 것들만 남겨놓고 있다. 하지만 여전히 내가 가장 크게 저항하는 것에 관심을 주는 것은 중요하다.

나는 2시 7분에 밖에 나가 약국의 처방을 받는다. 나는 2시 43분에 돌아와 시계 수리공에게 전화를 걸어 내 손목시계가 준비되었는지 묻는다. 시계 수리공이 다시 전화를 주겠다고 대답한다. 그래서 나는 2시 46분에 다음 주의 일정을 살펴본다. 이런 식으로 자주 일정을 살펴보면 미리 준비를 하는 데 큰 도움이 된다. 나는 이미 대부분의 것들을 충분히 준비해 놓고 있지만, 새로운 네트워크 마케팅 사업을 위한 토요일 훈련에 대비해 출력할 정보가 있음을 인식한다.

이것을 절반쯤 수행하고 있을 때, 시계 수리공이 전화를 걸어 이틀 정도 시간을 더 줄 수 있는지 물어본다. 나는 그것을 금요일에 해야 할 일로 적어 놓고, 그렇게 하는 동안 2단계 우편 발송을 위해 주문한 테이프들을 수요일에 확인해야 한다고 적어 놓는다. 나는 2단계 자료가 준비되기 전에는 1단계를 시작할 수 없다. 어떤 질문에든 즉각적으로 대답할 수 있어야 하기 때문이다.

2시 54분에 동료 한 사람이 전화를 걸어, 내일 만나기로 한 약속 시간과 장소를 바꾸고 싶다고 이야기한다. 우리는 그 동료의 집에서 오전 11시 30분에 만나기로 했었다. 이제 그 동료는 사무실에서 12시에 만나고 싶어한다. 그것은 문제될 것이 없다.

이제 3시 2분이 되었고, 나는 테이프가 도착하지 않아서 1단계 우편 발송의 준비를 미루어도 괜찮다는 구실을 갖게 되었다. 나는 테이프가 도착하자마자 보낼 수 있도록 준비를 해야만 한다. 그렇게 하지 않으면, 마침내 테이프가 도착했을 때 자료를 준비하는 시간 때문에 더 많은 지연이 발생할 것이다.

나는 다음 40분 동안 봉투에 주소를 적는 일을 한다. 그렇게 해놓으면 나머지는 돈을 주고 사람을 시켜 할 수 있다. 하지만 아직은 실험 단계이기 때문에 직접 하는 것이 더 효과적일 것이다. 3시 40분에 나는 다시 이메일을 확인한다. 내가 이미 보냈던 답장들을 보고 다시 답신이 왔을 것이기 때문이다. 실제로 답신이 왔지만, 다시 답장을 보내야 하는 메일은 몇 개에 불과하다.

4시 10분에 나는 아직도 그 우편 발송 자료들을 준비하는 데 저항을 느끼고 있다. 나는 1단계 자료에 몇 가지를 수정하고 나서 그것을 출력한다. 그리고 4시 30분에 차를 몰고 시내로 나가 그것을 복사한다.

복사가 끝나려면 약간의 시간이 걸리기 때문에, 나는 필요한 문구류 몇 개를 사러 간다. 쇼핑 센터는 유혹이 많아 위험한 곳이기 때문에, 나는 시간에 맞게 복사집에서 꼭 돌아오겠다고 결정한다. 아직도 10분을 더 기다려야 하지만, 그것은 시간뿐 아니라 돈의 측면에서도 쇼핑 센터에서 충동적으로 행동했을 경우에 비하면 훨씬 더 경제적이다.

나는 늦지 않고 5시 40분에 집에 돌아와 아내가 새 소파를 고르는데 도움을 준다. 그런 후 나는 5시 50분부터 15분 동안 잠시 산책을 하고 나서, 여유롭게 30분 정도 책을 읽은 후 저녁 식사를 한다. 여기서 저항의 목소리는 나에게 이제는 쉴 때가 되었다고 이야기한다.

7시 15분에 나는 저녁 만남을 위해 출발한다. 앞에서도 보았듯이, 나는 이미 모든 준비를 해 놓았고, 그래서 마지막 순간에 서둘러야 할 필요는 전혀 없다. 나는 이미 그곳에 어떻게 가야 하는지 확인했기 때문에, 길을 찾지 못해 시간을 낭비하지 않는다. 모든 것은 순조롭게 되고 있으며, 나는 10시 40분에 집에 돌아온다.

저녁 모임에서 돌아온 후가 또 하나의 위험한 순간이다. 나는 즉시 게으름을 피우는 대신에 몇 분 동안 서류들을 정리한다. 이렇게 하면 다음날 큰 도움이 되기 때문이다.

오늘의 요약

나는 오늘 하루 동안 아주 많은 일을 했다. 그리고 나는 시간을 거의 낭비하지 않았다. 오늘 같은 날에서 가장 멋진 점은 이렇게 하루를 보내면 지치는 것이 아니라 활력과 생기를 느낄 수 있다는 것이다. 이런 식으로 일을 하면 스트레스를 별로 받지 않는다.

스트레스를 받는 순간 행동을 하면 그것은 사라진다. 시간이나 죽이고, 게으름을 피우고, 할 일을 미루면 스트레스가 오히려 높아지며, 그러면 기분도 훨씬 더 나빠진다.

화요일 –
끔찍한 일을 겪고 나서 다시 제자리를 찾다

나는 어제 밤늦게까지 일했기 때문에, 오늘은 한가롭게 하루를 맞이해 오전 10시가 되어서야 일을 시작했다. 어제의 활동으로 사무실을 정돈할 필요가 있었다. 나는 앞장에서 소개한 그 간단한 과정을 밟는다.

> **책** : 책은 모두 책장에 갖다 놓는다.
> **파일** : 모든 파일은 캐비닛에 넣는다.
> **문구류** : 원래의 위치에 갖다 놓는다(내가 말하는 문구류에는 다른 세 가지
> 에 속하지 않는 모든 것이 포함된다).
> **서류** : 모든 서류를 모아 처리할 준비를 한다.

이렇게 하는 데는 5분도 걸리지 않으며, 나는 이제 행동할 준비가 된다. 나는 자동 응답기를 확인한다. 메시지가 하나 들어와 있다. 내 딸에게 온 메시지이다.

지금은 오전 10시 12분이며, 나는 동료와의 12시 정오 만남을 생각하고 있다. 나는 서류를 준비하고 '다른 모든 것을 중단하는' 결정의 순간을 11시 15분으로 잡는다. 이제 10시 26분이다.

나는 어제 완결하지 못한 일들을 확인하고, 통화를 하려고 애썼던

그 목사님에게 전화를 건다. 전화가 통화 중이어서, 나는 자동 응답기에 메시지를 남기고 이메일을 확인한다. 이메일을 막 읽으려는데 그 목사님이 전화를 한다. 그동안 출장을 갔었다고 한다. 우리는 재빨리 통화를 끝내고, 나는 계속해서 이메일을 읽는다. 이것은 내가 약속시간 전까지 하기에 딱 맞는 일이다.

누군가에게서 전화가 오는 바람에 약간 늦게 출발을 한다. 하지만 나는 이미 여유 시간을 감안했기 때문에, 이것은 전혀 걱정할 일이 아니다.

나는 정확하게 제시간에 도착했지만, 내 동료는 아직도 또 다른 모임에 참석하고 있다. 나는 그 모임이 20분 늦게 시작했다는 말을 듣고 걱정을 한다. 실제로 1시간 10분이 지나서야 내 동료는 그 모임에서 나온다. 나는 속으로 조바심을 한다. 나는 일거리를 갖고 오지 않았기 때문에, 지금은 할 일이 전혀 없다.

첫 번째 교훈 - 기다리는 시간을 감안해 반드시 일거리를 갖고 올 것. 하지만 더 나쁜 것은 나는 애초에 새로운 약속 시간에 동의하지 말았어야만 한다. 우리가 만나기 전에 내 동료에게 선행되는 무언가의 끝나는 시간이 불명확했기 때문이다.

두 번째 교훈 - 확정되지 않은 약속시간에는 절대로 동의하지 말 것. 그래서 우리는 1시 10분에 점심을 먹으러 나간다. 그리고 1시 30분에 적당한 장소를 찾는다. 자리에 앉아서 2시 45분까지 이야기를 나눈다. 내가 동료를 차에 태우고 그의 사무실에 돌아온 시간은 3시 5

분이다. 사무실에서 동료와 함께 몇 가지 사항을 처리하는 데 약간의 시간을 보내고 나서, 다시 집에 돌아오니 오후 4시가 된다.

이것은 하나의 짧은 만남이 하루 종일을 잡아먹을 수도 있는 아주 좋은 예이다. 우리가 실제로 만난 시간은 1시간 15분에 불과했다. 하지만 이렇게 하는 데 나는 하루 중에서 4시간 45분을 사용해야만 했다.

세 번째 교훈 – 꼭 만나야 할 일이 있지 않다면, 애초에 만날 약속을 할 필요가 없다.

이렇게 끔찍한 일이 일어날 때 (그리고 이런 일은 아무리 애를 써도 때로 피할 수가 없다) 정말로 중요한 것은 가능한 한 빨리 제자리를 찾는 것이다. 그렇지 않으면 그 부작용은 며칠 동안 지속될 수도 있다.

나는 다시 집에 돌아와 2단계 우편 발송 테이프가 도착해 있는 것을 알게 된다. 그래서 이제 나는 1단계 우편 발송을 시작할 수 있다. 나는 첫 번째 묶음을 준비하고, 새로 도착한 자료를 검토한다.

그런 후에 나는 오늘 배워야 할 것들을 정리한다. 모두 210개인데, 대개는 외국어 단어들이다. 이제 시간은 6시 22분이 된다. 나는 집에 돌아온 후로 가장 저항이 높은 두 가지 항목을 처리했다(우편 발송과 공부이다). 그래서 나는 다시 기분이 좋아진다. 그리고 나는 장애물을 넘었으며, 다시 내리막길을 걷고 있다고 느낀다.

나는 이제 저항이 낮은 항목들로 관심을 돌릴 수 있지만, 아직도 어디에서 저항을 느끼는지 확인하는 것은 아주 중요하다. 그렇지 않으면 나는 다시 충동적인 활동을 할 수 있기 때문이다. 나는 내일의 일정을 확인하고, 자동 응답기를 확인한다. 내일의 행동을 알려주는 두 가지 메시지가 들어와 있다. 나는 그것들을 '다음에 해야 할 일'로 분류한다.

나는 6시 27분에 다시 이메일을 확인한다. 내가 관리하는 다양한 목록들에 새로 올려야 할 몇 가지 주소가 있다. 이것을 끝내고 나서 나는 7시 35분에 저녁을 먹는다. 그런 후에 나는 다시 우편 발송을 준비하는 데 1시간을 더 소비한다.

오늘의 요약

뜻하지 않게 동료와의 만남이 하루 중에서 너무 많은 시간을 차지한 끔찍한 일이 있었다. 그렇지만 나는 제자리로 돌아올 수 있었고, 잘못된 것을 검토한 후 소중한 배움도 얻을 수 있었다. 다시는 그런 상황에 처하지 말아야 하겠다.

수요일 –
모든 분야에서 진전을 이루다

오늘은 하루를 시작하면서 어떤 고객과 오전 9시에 예정된 전화 통화를 한다. 그런 후에 나는 오전 11시까지 책을 쓰고, 딸아이를 출근시킨다. 계속해서 12시 5분까지 책을 쓰다가 다시 또 전화를 받는다.

이번에는 내가 월요일에 편지를 보낸 어떤 소교구의 재무 담당이 건 전화이다. 우리는 다음 주에 만날 약속을 한다.

나는 사무실을 전에 간단하게 정리한 것보다 더 철저하게 정돈해야 할 필요성에 내가 저항하고 있음을 알게 된다. 그래서 나는 사무실 바닥을 깨끗이 청소하기 위한 작업을 시작한다. 그 일을 하는 데는 1시간 30분이 걸리고, 중간에 또 다른 소교구에서 만남을 위한 전화 통화를 하는 것 외에 딴 것은 없다.

상쾌한 기분으로 나는 늦은 점심을 먹다가 또 다른 전화를 받는다. 이번에는 어떤 TV 프로그램 제작 회사에서 걸려온 전화로 새로운 자기계발 프로에 내가 출연할 수 있는지 알아보려는 내용이다. 그들은 나에게 자세한 이력을 보내달라고 하면서, 팩스로 더 많은 정보를 보내겠다고 이야기한다. 나로서는 그 정보가 오기 전까지 특별하게 할 일이 없다.

이제는 2시 15분이며 나는 서류, 전화 통화, 그밖의 간단한 일들을 시작한다. 나는 그것들을 5시 45분까지 한다. 그러다가 나는 친구에게 책을 돌려주는 것을 잊었다는 것을 떠올린다. 나는 책을 봉투에 넣어 우체통에 넣을 준비를 한다. 다시 이메일을 확인한 후에 새 가입자 한 사람을 처리한다. 이제는 6시 45분이며 나는 저녁 식사 전까지의 45분을 어휘를 검토하는 데 사용한다.

저녁 식사 후에 나는 1시간 동안 우편 발송을 준비하면서, 그 사이에 딸을 직장에서 데려온다. 그런 후에 나는 인생 상담에 관한 이메일 소식지를 1시간 10분 동안 쓰다가, TV에서 내가 좋아하는 시트콤을 본다. 그 시트콤이 끝난 후에 10분 동안 소식지를 보내고 나서 잠자리에 든다.

오늘의 요약

오늘도 아주 생산적인 하루를 보냈다. 내 삶의 모든 측면이 발전을 이룬 날이었다. 비록 긴 하루였지만 나는 피곤함을 느끼지 않는다. 이렇게 일하는 것이 활기있게 일하는 방식이기 때문이다. 저항이 떨어지면서 활력은 높아지고, 마음먹은 대로 끝낸 하루는 유쾌한 기분으로 이어진다.

목요일 –
일부 실수는 했지만 성공적인 성과

오전 8시 45분에 치과의사를 만날 약속이 있다. 치과에서 돌아온 후 나쁜 실수를 했고, 저항이 높은 작업을 즉시 시작하지 못한다. 사람을 만나고 돌아올 때는 늘 '위험한 순간'이며, 이번에 나는 즉시 일을 시작하지 못하고, 신문을 읽으면서 시간을 보낸다. 물론 나는 그때문에 기분이 엉망이다. 무의미하거나 충동적인 행동을 할 때는 늘 그렇듯이 말이다.

마침내 10시 37분에 나는 기운을 내서 제대로 일을 시작한다. 내가 가장 큰 저항을 느끼는 것은 어제 연락받은 TV 프로그램 제작 회사에 보낼 약력을 작성하는 것인데, 그 회사가 보낸 팩스는 이미 도착해 있다. 나는 이 일을 하느라고 무척 애를 먹지만, 마침내 작업을 마치고 12시 43분에는 우체통에 넣게 된다. 그래서 나는 이제 기분이 훨씬 더 좋다.

청구서들은 오늘이 마감 시한이며, 나는 늘 그것들을 처리하는 데 저항을 느낀다. 그래서 나는 이 문제를 다루기 시작한다. 나는 그것을 1시 5분에 끝마치고 점심을 먹는다.

그런 후에 나는 약간 덜 위협적인 것을 다루기로 결정하고 이메일을 개봉한다. 오늘은 이메일이 아주 많으며, 나는 즉시 그것들을 처리하지 않고 잠시 다른 일을 하면서 시간을 보낸다. 그 결과 나는 오후 5시가 되도록 그 모든 이메일을 처리하지 못한다.

이메일을 처리하는 데 그렇게 많은 시간이 걸린 것보다 더 나쁜 것은, 나는 이제 스트레스와 불편함을 느낀다는 것이다. 이것은 내가 저항을 극복하지 않고 충동에 반응한 결과이다. 사실 이것은 우리가 저항을 넘어 일하지 않을 때 스트레스를 느낀다는 점을 잘 보여준다.

그동안 바른 길에서 벗어났기 때문에, 이제는 다시 그 길로 들어서는 것이 정말로 중요하다. 그렇지 않으면 그 후유증이 며칠 동안 지속될 수도 있다. 빈둥거리기는 아주 부정적인 결과로 나타날 수 있으며, 그래서 우리는 그런 상태를 확인하는 즉시 빨리 악순환을 깨뜨려야 한다.

이렇게 하려면 우리는 지금 하는 일을 중단하고 스스로 다음과 같이 물어야 한다. "나는 지금 무엇에 저항하고 있는가?" 많은 경우에 우리는 이 질문에 답하는 데조차 애를 먹는다. 늘 그렇듯이, 저항을 줄이려면 점점 더 작은 분야에 초점을 맞춰 당신이 할 수 있는 무언가에 도달해야 한다.

그래서 나는 오후 내내 자신이 무언가에 저항하고 있었음을 알게 된다. 나는 이메일을 다루는 것 말고 다른 무언가에 저항하고 있었다. 그리고 내가 이메일을 제대로 다루지 못한 것은 무언가 더 위협적인 것이 여전히 남아 있는 상태에서 처음부터 이메일을 다루려 한 것이 잘못된 방식임을 알기 때문이다. 이메일을 다루려 한 것은 그 순간의 일종의 회피 활동이었고, 따라서 나는 이메일보다 그 무언가를 먼저 다루어야만 했다.

그래서 나는 마침내 스스로 이렇게 묻는다. "나는 지금 무엇에 저항하고 있는가?" 그러자 분명하고 명확하게 답이 다가왔다. 그것은 '내 책을 쓰는 것'이었다. 이제 나는 책을 쓰는 것에 상당한 저항감을 느끼고 있다. 나는 그것을 하루 종일 미루고 있었다. 그리고 내가 치과에 갔다 와서 다시 일을 시작하는 데 어려움을 느꼈던 것도 바로 그 일과 관련이 있었다.

나는 완전히 마비되는 일종의 공포감을 느끼면서 시간을 축내고 있었다. 그렇지만 일단 문제가 무엇인지 알게 된 후에, 나는 무엇을 해야 할지 알 수 있었다. 나는 그냥 내 감정에 초점을 맞추면서, 책을 쓰려면 제일 먼저 무엇을 해야 하는지 자신에게 물었다.

그것은 '워드 프로세서에 있는 파일을 여는 것'이었다. "나는 그렇게 할 수 있는가?" "그렇다!" 나는 즉시 파일을 열고 나서 글을 쓰기 시작했다. 그러자 내가 느끼던 저항감은 완전히 사라졌다.

때로 우리는 마비감 속에서 거의 아무 것도 하지 못할 수도 있다. 이럴 때 다시 시작하는 열쇠는 내가 지금 했던 순서를 따르는 것이다. 먼저 그런 마비감에서 벗어나고, 그런 후에 가장 쉬운 일부터 시작하라. 그리고 자신에게 다음과 같이 물어라.

- "나는 지금 무엇에 저항하고 있는가?"
- "그 일을 하려면 먼저 무엇을 해야 하는가?"
- "나는 그렇게 할 수 있는가?"

마지막 질문에 대한 답이 부정이라면, 그때는 첫 번째 단계를 더 낮춰서 긍정적인 답이 나오게 하라.

이것을 보여주기 위해 예를 하나 들겠다.

질문 : 나는 지금 무엇에 저항하고 있는가?

대답 : 새 잠재 고객에게 전화 거는 일

질문 : 그 일을 하려면 먼저 무엇을 해야 하는가?

대답 : 고객 A에게 전화를 건다.

질문 : 나는 그렇게 할 수 있는가?

대답 : 아니다!

질문 : 고객 A에게 전화를 걸려면 먼저 무엇을 해야 하는가?

대답 : 전화번호부에서 그녀의 전화번호를 찾는다.

질문 : 나는 그렇게 할 수 있는가?

대답 : 그렇다!

요약

자신이 가장 크게 저항하는 것을 하지 않으려 했기 때문에, 오늘은 스트레스의 연속인 하루였다. 그리고 내가 한 대부분의 일은 일종의 탈출 활동으로 하루 중 어느 때건 할 수 있는 것이었다. 그런 일은 즉시 하지 않아도 큰 피해가 없다.

하지만 나는 그것들을 잘못된 순서에 따라 했기 때문에 활력이 아니라 스트레스를 받았다. 다행히도 나는 이른 저녁에 내가 지금 무엇을 하고 있는지 확인했다. 그렇지 않았다면 나는 며칠 동안 상당히 부정적인 영향을 받았을 것이다.

하지만 나는 다시 길을 찾았고, 저녁 때 1시간 정도 책을 썼다. 그리고 우편 발송에도 나름대로 시간을 보냈다.

우리가 실수에서 교훈을 얻는 것은 성장을 위해 꼭 필요한 것이다

나는 목요일 저녁에 다시 제 길을 찾는 데 성공했다. 그래서 나는 금요일에 또다시 내 삶의 중요한 발전을 이룩할 수 있었다. 만일 내가 목요일에 바른 길로 들어서지 못했다면, 나는 엉망인 상태로 금요일을 시작했을지도 모른다.

이와 같은 종류의 부정적인 영향을 경험할 때 바른 길로 들어서는 유일한 길은 종종 앞서 이야기한 그 짧은 분출 순환 방식 가운데 하나로 잠시 돌아가는 것이다.

당신은 내가 쓴 이 일기에서 무엇을 배울 수 있는가? 무언가 잘못되고 있을 때마다 나는 다시 제자리로 돌아가 정확하게 어디에서 무엇이 잘못되었는지 확인했다. 그래서 나는 계속해서 더 좋은 결과를 낼 수 있었다.

표 2. 저항을 안내자로 사용하는 효과

저항을 안내자로 사용하면	그렇지 않은 경우에는
중요한 행동을 먼저 한다.	사소한 것들을 먼저 한다.
시간이 갈수록 하루는 쉬워진다.	시간이 갈수록 하루는 힘들어진다.
걱정과 긴장이 줄어든다.	걱정과 긴장이 높아진다.

미루는 습관이 사라진다.	미루는 습관이 심해진다.
진정한 일을 하게 된다.	진정한 일은 피하게 된다.
바쁜 일은 없어진다.	바쁜 일을 하게 된다
집중력이 유지된다.	마음이 산만해진다.
위기 상황을 예방한다.	자주 위기 상황이 발생한다.

요약 · Summary

- 시간 일지는 어디에 시간 문제가 있는지 알아보는 좋은 방법이다.
- 나중에 다시 해야 할 일을 기록하는 좋은 시스템을 마련하라.
- 충동적인 행동에 특히 조심해야 하는 당신 자신의 '위험 시간'과 '위험 장소'를 확인하라.
- 무언가 잘못되어 있으면 가능한 한 빨리 제자리로 돌아가라.
- 당신이 무언가에 너무 크게 저항해서 그것을 시작할 수 없다면, 그것을 잘게 쪼개서 작은 일부터 시작하라.

13장

다시
'깊이 활동'에 대해

6장에서 나는 내가 '깊이 활동'이라고 부르는 것의 몇 가지 특성을 이야기했다. 나는 그것이 우리가 현재의 경험에 더 깊이 참여하도록 도와주는 활동이라고 정의했다. 그러면서 나는 우리가 하는 대부분의 나머지 활동과 그런 활동들을 서로 비교했다. 우리가 하는 대부분의 나머지 활동은 요즘 들어 우리의 삶을 점점 더 얇게 만들면서 그것들은 점점 더 넓어지는 결과를 초래하는 경향이 있다.

물론 우리가 할 수 있는 '깊이 활동'의 수와 형태는 아주 다양하다. 이번 장에서 나는 그 중에서 세 가지만 자세히 소개하고자 한다. 이 세 가지 활동의 특징을 든다면, 이것들은 그 자체로만 좋은 것이 아니라 우리의 전반적인 삶에 대해서도 아주 긍정적인 효과를 나타낸다는 것이다. 그래서 우리가 이것들에 사용한 시간은 하루를 살아가는 우리의 능력을 확대시킴으로써 충분히 보상받을 수 있다.

어쩌면 나는 이 장을 첫 번째 장으로 삼았어야 했는지도 모른다. 그렇게 했다면 이 책에 나오는 다른 모든 것은 무시하고 그 세 가지 활동만 사용해도 시간을 효과적으로 다루는 당신의 능력은 크게 높아졌을 것이기 때문이다.

물론 많은 사람들은 이미 적어도 그중에서 하나의 활동은 어느 정도 정기적으로 하고 있을 것이다. 당신도 내가 지금 소개하려는 이 방식들과 전혀 다른 방식으로 그것을 활용할 수 있을 것이다. 당신이 하는 것이 당신에게 도움이 된다면 그것으로 충분하다. 내 조언은 처음으로 그런 활동을 해보려 하거나 전에 해보았지만 제대로 하는 데 실패한 사람들을 위한 것이다.

내가 소개하려는 그 세 가지 활동은 다음과 같다.

- 걷기
- 명상
- 글쓰기

걷기는 가장 쉽고 가장 즐거운
형태의 운동이다

운동이 우리의 건강에 좋다는 점은 많은 연구들이 보여주고 있다. 하지만 한 가지 흥미로운 점은 최근에 발표된 연구 결과에 따르면, 운동은 우리의 마음에도 좋은 것으로 알려지고 있다. 정기적으로 운동을 하는 사람은 그렇지 않은 사람보다 삶과 일에서 더 효과적인 결과를 보여주는 것으로 알려져 있다.

이것은 정기적으로 운동을 하는 사람에게 그렇게 놀라운 일이 아닐 수도 있다. 그렇게 하는 대부분의 사람들은 운동을 할 때 하루가 훨씬 더 좋은 것 같고, 운동을 못하면 훨씬 더 나쁜 것 같다고 이야기하기 때문이다. 사실 이것은 어떤 '깊이 활동'에건 어느 정도 적용되는 말이다.

'깊이 활동'은 하루의 시작을 원활히 하고 우리가 효과적으로 하루를 살도록 도와주기 때문이다. 하지만 운동은 우리의 전반적인 신체적 과정도 원활하게 해준다. 그리고 우리의 신체가 더 원활하게 작용할수록 우리의 두뇌도 더 원활하게 작용한다. 어쨌거나 두뇌는 우리의 신체에서 아주 중요한 부분이니까…….

불행하게도 그동안 운동을 하려면 반드시 사용해야 한다고 하면서 '꼭 필요한' 장비를 선전하는 하나의 산업이 등장해 날로 성장해 왔다. 이를테면 운동을 가르치는 비디오, 멋진 운동복, 값비싼 운동기

구, 혹은 헬스클럽 광고 등이다.

우리는 또 '체력' 자체를 목표로 삼는 선전에도 현혹되고 있다. 사실 일반적인 사람들은 운동 선수 같은 그런 육체가 아니어도 무방하다. 물론 당신이 정말로 운동 선수이거나 운동 선수가 되려는 목표를 갖고 있다면 그런 것은 필요하다. 하지만 솔직히 말해서, 당신이 사무실에 앉아서 일하는 사람인데 멋진 체격을 갖고 있다면, 그것은 모든 부대 장비를 갖춘 4륜 구동의 산악용 지프를 갖고서 기껏해야 아이들을 학교에 데려다주고 동네의 쇼핑몰에 가는 데만 사용하는 것과 비슷하다.

그것은 효과적이고 건강한 삶을 산다는 현실보다 남에게 보여주는 이미지를 중요하게 여기는 것이라고 할 수 있다. 체력과 건강은 반드시 같은 개념이 아니다. 그것은 운동을 하다가 부상을 당해본 사람이면 누구나 알 수 있을 것이다.

이런 식의 이미지 중시 풍조는 우리에게 해가 된다. 그것은 많은 사람들이 그런 이미지에 맞추는 데 겁을 먹고 운동을 포기하게 만들기 때문이다. 그 결과 사람들은 자신들에게 정말로 도움이 되는 그런 종류의 운동을 하지 않게 된다. 그러니까 그들의 건강과 정신적인 능력을 동시에 높여주는 그런 운동이다.

이미지를 중시하는 운동이 요구하는 그 많은 시간, 그 많은 노력, 그리고 그 많은 비용과 달리, 이런 종류의 운동은 비용도 들지 않고 어렵지도 않은 것이다.

사실 우리가 할 수 있는 가장 좋은 운동은 비용도 가장 적게 들고 가장 쉬운 운동, 즉 걷기이다. 일주일에 세 차례 20분 동안 상쾌하게 걷기 운동을 하면 다른 어떤 운동만큼이나 건강에 많은 도움이 되는 것으로 알려져 있다. 그리고 걷기는 대부분의 다른 운동보다 단기적이건 장기적이건 부상의 위험도 훨씬 낮다. 걷기는 달리기보다 관절에 부담을 덜 주고, 사이클링보다 안전하고, 수영보다 더 편리하다.

당신이 달리기, 사이클, 혹은 수영을 열심히 하는 사람이라면, 내 말이 그런 활동을 중단해야 한다는 뜻은 아니다. 하지만 걷기는 운동은 힘들고 치열해야만 효과가 있다는 잘못된 인식 때문에 현재 충분한 운동을 하지 않는 사람에게 아주 좋은 운동이다.

걷기의 또 다른 이점은 그것이 자연적인 인간 활동으로서 우리를 야외로 내보낸다는 점이다. 이것만으로도 우리는 삶을 더 깊이 보는 도움을 얻을 수 있다.

우리가 하루 종일 컴퓨터 앞에 앉아 시간을 보낸다면, 걷기는 우리를 다시 계절의 리듬에 접하게 하고, 신선한 공기를 마시는 것이 무엇인지 느끼게 하고, 우리의 몸이 실내 온도가 아닌 자연의 온도에 노출되도록 해 준다. 간단하게 말해서 걷기는 너무나도 즐겁고, 유쾌하고, 건강한 활동이다. 그래서 걷기는 다른 종류의 운동보다 계속할 가능성이 훨씬 더 높다.

나는 걷기를 하나의 운동 방식으로 사용하는 데 두 가지 조언만 해 줄 수 있다(어떻게 걷는지까지 내가 당신에게 이야기할 필요는 없을 것이다).

- 적당한 신발을 신는다.

- 천천히 시작해 점점 더 속도를 높인다.

명상은 효율성을 크게 높여준다

그동안 명상의 긍정적인 효과에 대해 수많은 연구들이 있었다. 그
것들은 우리의 전반적인 건강을 향상시키는 것부터 중역들이 일터에
서 문제 해결 능력을 높이게 해주는 것까지 다양하다.

명상을 하는 사람들은 대개 다음과 같은 이점을 자랑스럽게 이야
기한다.

- 나는 훨씬 더 안정감을 느낀다.

- 나는 훨씬 더 쉽게 편안함을 느낀다.

- 나는 하루를 훨씬 더 부드럽게 보낸다.

- 나는 이제 전보다 덜 충동적이다.

- 나는 마음이 더 차분해졌다.

- 명상을 한 후 인간관계도 좋아졌다.

- 명상을 하자 일도 더 잘 되고 있다.

- 전보다 더 내 자신과 연결되고 있다.

걷기처럼 명상도 아주 쉽고, 간단하고, 자연적인 인간 활동이다. 하지만 아쉽게도 명상 역시 운동처럼 너무 어려운 것으로 잘못 인식되고 있다. 명상에는 또 온갖 종류의 영적 혹은 종교적 의미까지 결부되어 사람들의 쉬운 접근을 막고 있다.

명상이 영적인 활동이라면 의자에 조용히 앉아 생각하는 것도 영적인 활동이다. 교회의 의자에 조용히 앉아 하나님에게 기도하는 것도 영적인 활동이며, 명상도 그렇게 사용하기를 원하는 사람에게는 영적인 활동이 될 수 있다. 하지만 모두가 명상을 영적인 활동으로 볼 필요는 없으며, 그것은 사람에 따라 다양한 방식으로 사용될 수 있다.

명상을 하는 방법도 수백 가지가 있고, 명상에 관한 책도 수백 가지가 있다. 그래서 이 분야에 대한 지식을 얻고자 하는 사람은 언제든지 그것을 얻을 수 있다. 하지만 당신이 그냥 일상적인 생활의 효율성을 높이는 데만 관심이 있다면, 지금 내가 소개하려는 방식은 다른 어떤 방식 못지 않게 좋은 결과를 낼 수 있다. 그것은 또 아주 쉽기 때문에 명상을 걷기 운동과 같은 것으로 만들어준다.

대부분의 사람들은 매일같이 명상을 할 때 가장 큰 효과를 발휘한다고 믿는다. 그리고 한 번에 하는 명상 시간은 20분이 가장 많다. 당신이 여러 가지 방해에서 자유로울 수 있는 조용한 장소를 찾아라. 단단한 의자에 앉아 등을 곧추 세우고 자연스럽게 균형을 취하라. 양손을 무릎에 얹거나 손바닥이 하늘로 향하도록 허벅지 위에 놓아라.

이제 눈을 감고 잠시 편안한 자세를 취하라. 그런 후에 당신의 관심을 호흡 소리에 고정시켜라. 당신의 관심이 호흡 소리에서 멀어지고 있을 때마다 다시 관심을 모아라. 이런 일이 얼마나 자주 일어나는지는 중요하지 않다. 그냥 관심이 멀어질 때마다 다시 관심을 모으면 된다.

그뿐이다!

글쓰기는 생각을 정리하는 데 가장 효과적인 방법이다

글쓰기는 가장 매력적인 인간 활동의 하나이다. 그동안 글쓰기가 인간의 창의성, 정신적인 건강, 지성, 혹은 장수 같은 다양한 영역에 어떤 효과를 갖는지 많은 연구들이 있었다.

우리에게 천재로 알려져 있는 사람들 중에서 많은 사람들은 그것이 어느 분야이건 많은 글을 썼다. 예를 들어 에디슨, 반 고흐, 그리고 아인슈타인은 거의 믿기 어려울 만큼의 많은 글을 남겼다. 어떤 사람들은 그들이 천재였기 때문에 많은 글을 쓴 것이 아니라, 많은 글을 썼기 때문에 천재가 되었다는 주장도 한다.

인간의 두뇌는 아이디어, 감정, 그리고 경험을 언어로 바꿔야만 그것들을 완전히 통합시키는 것 같다. 글쓰기는 이런 과정을 원활하게 만드는 가장 좋은 방법 가운데 하나이다.

　나는 이미 이 책에서 몇 가지 글쓰기 연습을 소개했다. 그것들은 네 가지 다른 방식으로 사용되었다.

■ 자유롭게 흐르는 글쓰기

■ 정해진 생각의 기간 동안 아이디어 적기

■ 문장 완성하기

■ 흐트러진 지도

　이것들 모두 당신의 두뇌가 기존의 연결들을 언어로 바꾸어 나중에 더 많은 연결들이 가능하도록 도와준다. 그래서 이 모든 연습들은 발전적인 것이다. 만일 당신이 이 중에서 어느 하나를 사용해 며칠 동안 같은 주제를 연습한다면, 당신의 생각은 때로 놀라울 정도로 변하고 발전할 것이다.

　내가 소개한 연습들은 당신이 특정한 문제들을 다루려 할 때 유용한 것이지만, 운동이나 명상과 비슷한 방식으로 글쓰기를 활용하는 것도 가능하다. 다시 말해, 당신의 전반적인 효율성을 높이기 위해 그것을 체계적인 연습처럼 사용하는 것이다. 그리고 우리는 대개 이것을 '일기 쓰기'라고 부른다.

　일기 쓰기는 운동이나 명상과 달리 그렇게 많은 방법들이 없다. 하지만 그렇다 해도 몇 가지 방식들을 생각할 수 있다. 내가 당신에게 소개하려는 방식은 나에게 아주 효과적인 것이었다.

나는 앞에서 소개한 그 자유로운 흐름의 글쓰기 기법을 사용해, 무엇이든 마음에 떠오르는 것을 하루에 3쪽 정도 적는다. 나는 그것을 줄이 쳐진 A4 크기의 공책에 적는다. 나는 그런 활동을 35분가량 한다.

나는 특별한 주제를 정해 글을 쓰기보다 그냥 마음에 떠오르는 대로 글을 쓴다. 하지만 중요한 것은 사실들과 그런 사실들에 대한 당신의 감정 모두를 적는 것이다. 사실이나 감정에 대해서만 글을 쓰면 그렇게 효과적일 수가 없다.

따라서 당신이 특정한 문제에 대해 글을 쓴다면, 그 문제 자체에 대해서뿐만 아니라 그 문제 때문에 당신이 느끼는 좌절감이나 답을 찾지 못할 수도 있다는 두려움에 대해서도 글쓰기를 할 수 있을 것이다. 사실과 감정 모두에 대해 글쓰기를 하면 당신의 두뇌는 두 가지를 통합한다. 이렇게 하면 소위 말하는 당신의 '감성 지수'도 크게 높아진다.

나는 대략 8개월 동안 거의 하루도 거르지 않고 이런 식으로 글쓰기를 했는데, 그것은 나에게 놀라운 경험이었다. 나는 당시에 마치 새 두뇌를 갖고 있는 것처럼 그것을 묘사했다. 내 머리에는 온갖 아이디어가 넘쳤고, 그것들은 서로 통합되는 것 같았다. 나는 훨씬 더 많은 활력을 느꼈으며, 미루는 습관은 어디론가 사라지고 말았다.

나는 이제 여러 가지 이유 때문에 지속적으로 일기를 쓰지는 못하지만, 그래도 그런 연습 때문에 내 지성이 한껏 높아지고, 훨씬 더 예리한 사람이 되었다는 믿음에는 변함이 없다.

물론 당신도 똑같은 효과를 볼 수 있다고 장담할 수는 없다. 하지만 대부분의 사람들은 이런 연습을 함으로써 상당한 효과를 볼 수 있을 것이다.

> **이런 활동들을 당신의 삶에
> 통합시키는 과정은 점진적이어야 한다**

이 세 가지 활동을 하고자 하는 사람에게 내가 주는 조언은 셋 모두를 동시에 시작하려는 시도를 피하라는 것이다. 그것은 거의 확실한 실패의 길이다. 그렇게 하면 너무 갑자기 당신의 삶을 바꿔야 하기 때문에 충분한 관심을 쏟을 수 없다. 그보다는 하나를 택해서 완전히 정립시킨 후에 또 다른 하나를 시작하는 것이 훨씬 더 낫다.

당신은 내가 6장에서 '깊이 활동'에 대한 설명을 할 때 각각의 그것들은 하루 중에서 특정한 시간대에 해야만 다른 활동의 방해를 받지 않는다고 한 말을 기억할 것이다. 당신은 어떤 시간대를 택해야 자신에게 가장 좋은 결과가 나올지 실험을 해야 한다. 내 경우에는 다음과 같은 식으로 하는데, 이것은 당신에게도 좋은 참고가 될 것이다.

일기 쓰기 – 일어나자마자 한다

그래야만 나는 이 활동에 정신을 집중할 수 있다. 그렇지 않고 나중에 하면 너무 많은 저항이 생기게 된다. 그래서 나는 알람 시계를 30분 일찍 맞추어 놓고, 자리에서 일어나자마자 일기 쓰기를 한 후에 옷을 입거나, 커피를 마시거나, 그밖의 무언가를 한다.

걷기 – 점심 시간에 한다

산책은 점심 시간에 할 수 있는 이상적인 활동이다. 그것은 당신이 사무실에서 벗어나 신선한 공기를 마시게 하고, 너무 많이 먹거나 마시는 것을 피하게 한다. 당신은 다시 활력을 찾아 돌아온 후, 오후의 업무에 임할 수 있다.

명상 – 일을 마친 후에 한다

일을 마친 후에 명상을 하면 하루의 활동을 잘 마무리할 수 있다(이 것은 '마감 효과'와도 관련이 있다). 당신은 또 그동안 경험한 긴장감에서 해방될 수도 있다. 어떤 사람들은 잠자리에 들기 전에 하는 것이 더 좋다고 생각한다. 이것은 어디까지나 개인적인 취향의 문제이다.

이제 우리는 이 책의 끝에 와 있다. 내가 그동안 이 책에서 소개한 모든 것들을 실천에 옮겼다면, 당신은 단순한 시간 관리 이상의 많은 것을 배웠을 것이다. 당신은 이제 용기가 있고, 스트레스를 받지 않고, 건강하고, 똑똑하고, 성숙한 사람이 되어 있을 것이다. 당신이 가는 길에 축복이 가득하기를 바란다.

요약 · Summary

- 걷기를 비롯한 유산소 운동은 당신의 육체적인 건강과 정신적인 자각에 긍정적인 영향을 끼친다.

- 명상은 업무의 효율성을 높여줄 뿐 아니라, 인간관계와 자기 성찰에도 도움이 되는 것으로 알려져 있다.

- 글쓰기는 당신의 정신적인 효율성을 높여주는 가장 좋은 방법이다.

- 이런 활동들을 한꺼번에 전부가 아니라, 점차 단계적으로 당신의 삶에 도입하라.

●

A l'alta fantasia qui mancò possa,
ma già volgeva il mio disio e'l velle,
sì come rota ch'igualmente è mossa,
l'amor che move il sole e l'altro stelle.

여기서 힘이 내 높은 상상력을 막았지만
내 소망과 내 의지력은 이미,
균형이 잘 잡힌 바퀴처럼 돌아가고 있다.
해를 비롯한 별들을 움직이는 그 사랑에 의해

_ 단테의 〈천국〉 제33가 142~145

중앙경제평론사 성공학 & 자기계발 도서 시리즈

도 서 명	저 자	가 격
나폴레온 힐 성공의 법칙	나폴레온 힐	25,000원
서비스를 팔아라	김근종	10,900원
마법의 병원 서비스 : 병원을 살리는 고객 소통의 법칙	김근종	15,000원
명품 친절 서비스 : 회사를 살리는 고객 소통의 법칙	장수용	13,000원
프로는 리쿠르팅을 하고 아마추어는 영업을 한다	문충태	15,000원
리쿠르팅 명장을 찾아서	문충태	15,000원
성공하는 직업인의 시간관리 자기관리	정균승	12,900원
데일카네기의 인간관계론 : 사람을 설득하려면 칭찬이 먼저다	데일 카네기	12,000원
삼성의 결정은 왜 세계에서 제일 빠른가	요시카와 료조	12,000원
사소한 습관이 나를 바꾼다	김근종	12,900원
성공하는 사람들의 시간관리 습관	유성은	12,000원
정상을 훔쳐라	김정수	12,000원
내 인생을 바꾼 기적의 습관	문충태	13,000원
비즈니스를 창조하는 실전 대화의 기술	무로후시 준코	12,000원
좋은 서비스가 나를 바꾼다	김근종·박형순	12,000원
식스팩 : 취업 스펙 매니지먼트	전지혜	12,500원
나폴레온 힐 습관이 답이다	김정수	13,000원
나폴레온 힐 행동이 답이다	김정수	13,000원

중앙경제평론사
중앙생활사

Joongang Economy Publishing Co./Joongang Life Publishing Co.

중앙경제평론사는 오늘보다 나은 내일을 창조한다는 신념 아래 설립된 경제·경영서 전문 출판사로서
성공을 꿈꾸는 직장인, 경영인에게 전문지식과 자기계발의 지혜를 주는 책을 발간하고 있습니다.

스마트한 시간관리 인생관리 습관

초판 1쇄 인쇄 | 2015년 5월 15일
초판 1쇄 발행 | 2015년 5월 20일

지은이 | 마크 포스터(Mark Forster)
옮긴이 | 형선호(Sunho Hyung)
펴낸이 | 최점옥(Jeomog Choi)
펴낸곳 | 중앙경제평론사(Joongang Economy Publishing Co.)

대   표 | 김용주
책임편집 | 이종무
본문디자인 | Studio.mi

출력 | 현문자현 종이 | 한솔PNS 인쇄·제본 | 현문자현

잘못된 책은 구입한 서점에서 교환해드립니다.
가격은 표지 뒷면에 있습니다.

ISBN 978-89-6054-143-6(03320)

원서명 | Get Everything Done and Still Have Time to Play

등록 | 1991년 4월 10일 제2-1153호
주소 | ㉾100-826 서울시 중구 다산로20길 5(신당4동 340-128) 중앙빌딩
전화 | (02)2253-4463(代) 팩스 | (02)2253-7988
홈페이지 | www.japub.co.kr 블로그 | http://blog.naver.com/japub
페이스북 | https://www.facebook.com/japub.co.kr 이메일 | japub@naver.com
♣ 중앙경제평론사는 중앙생활사·중앙에듀북스와 자매회사입니다.

이 책은 중앙경제평론사가 저작권자와의 계약에 따라 발행한 것이므로 본사의 서면 허락 없이는
어떠한 형태나 수단으로도 이 책의 내용을 이용하지 못합니다.
※ 이 책은《시간관리? 인생관리!》를 독자들의 요구에 맞춰 새롭게 재편집하여 출간하였습니다.

※ 이 도서의 국립중앙도서관 출판시 도서목록(CIP)은 서지정보유통지원시스템 홈페이지(http://seoji.nl.go.kr)와
국가자료공동목록시스템(http://www.nl.go.kr/kolisnet)에서 이용하실 수 있습니다(CIP제어번호: CIP2015009318).